中华会计函授学校教材

企业会计习题

（修订版）

王庆保　主编

中国财政经济出版社

图书在版编目（CIP）数据

企业会计习题/王庆保主编．—修订本．—北京：中国财政经济出版社，2008.2

中华会计函授学校教材

ISBN 978-7-5095-0483-3

Ⅰ．企…　Ⅱ．王…　Ⅲ．企业管理-会计-函授学校-习题

Ⅳ．F275.2-44

中国版本图书馆 CIP 数据核字（2008）第 012267 号

中国财政经济出版社 出版

URL：http：//ckfz.cfeph.cn

E-mail：ckfz @ cfeph.cn

社址：北京市海淀区阜成路甲 28 号　邮政编码：100036

发行处电话：88190406　财经书店电话：64033436

三河市金元印装有限公司印刷　各地新华书店经销

850×1168 毫米　32 开　5.5 印张　125 000 字

2008 年 2 月第 2 版　2012 年 2 月河北第 7 次印刷

印数：23 101-28 110　定价：13.00 元

ISBN 978-7-5095-0483-3/F·0406

（图书出现印装问题，本社负责调换）

中华会计函授学校教材编委会

张亚平　浙江省中华会计函授学校专职副校长
张志良　江苏省中华会计函授学校副校长
张春生　山西省会计函授学校校长
张晓娜　陕西省中华会计函授学校副校长
杨　军　宁夏财会函授学校副校长
保卫民　云南省中华会计函授学校校长
赵志成　北京中华会计函授学校副校长
徐　洁　中国财政经济出版社会计分社社长
徐　静　河北省中华会计函授学校校长
黄腾达　广东省会计函授职业技术学校副校长
赖日东　广西中华会计函授学校副校长

出版说明

2005年我们对中华会计函授学校教材进行了重新规划，组织编写了《基础会计》、《企业会计》、《成本会计》、《财务管理》、《经济法基础知识》、《金融基础知识》、《审计基础知识》、《会计实务操作》8门主要课程教材及相应的教学指导书。经过两年的使用，取得了满意的效果。

近年来，随着《企业会计准则》、《企业会计准则应用指南》、《中国注册会计师执业准则指南》、《中华人民共和国企业所得税法》、《中华人民共和国企业所得税法实施细则》、《中华人民共和国物权法》等法规、制度的相继发布实施，这批教材急需修订。

本次修订由中华会计函授学校委托浙江省中华会计函授学校和河南省中华会计函授学校承担主要任务，由中华会计函授学校教材编写委员会组织审定。本次修订注重基本概念、基本理论、基本业务技能的阐述，并按照新法规、新制度、新准则对教材全面予以修改和补充，对教材中存在的问题也进行了更正。本套教材通俗易懂、简明适用，既能满足职业院校教学需要，又可作为会计岗位人员短期培训、在职财会干部自学之用。

中华会计函授学校教材编写委员会

2008年1月

前　言

根据财政部教材建设工作会议及西宁中华会计函授学校新编教材编审工作会议纪要的精神，为了配合《企业会计》课程的教学和学习，针对成人教育学习的特点，紧紧围绕《小企业会计制度》和《企业会计》教材的内容，编写了《企业会计习题》。本习题分为练习题和参考答案两部分，并且每章编写了一套练习题，有利于教学进度，是《企业会计》的配套教材，供学员学习和参考。

本书由高级会计师王庆保主编、总纂和统稿，由河南省财政厅干部教育中心教务科科长辛玉红审稿。

编　者

2008 年 1 月

目　录

第一部分　练　习　题

第一章　总　　论

一、名词解释

1. 小企业会计

2. 资产

3. 负债

4. 会计主体

5. 货币计量

二、填空题

1. 会计是适应社会生产的发展和经济管理的需要而产生、发展和不断__________的。“会计”一词产生于____________。

2. 会计核算基本前提即会计主体、_________、会计分期和____________。

3. 会计要素包括资产、______、所有者权益、收入、_______和利润。

4. 会计年度起讫日期自公历________起至__________止。

5. 期间费用包括____________、管理费用和____________。

三、判断题

1. 根据《企业会计准则》的规定，会计要素分为资产、负债、所有者权益、收入、费用和利润六大要素。（ ）

2. 盈余公积是指按照国家规定，从税后净利润中提取的公积金，包括法定盈余公积和任意盈余公积。（ ）

3. 长期负债是指偿还期在一年或者超过一年的一个营业周期以内的债务，包括长期借款、长期应付款、待转资产价值等。（ ）

4. 企业的会计核算应当遵循重要性要求，对于重要的交易或事项，可以合并、粗略反映。（ ）

5. 会计主体是一个独立核算的经济实体，因而必须是一个独立的法律主体。（ ）

6. 我国小企业的会计核算一律以人民币为记账本位币。 ( )

7. 企业提供的会计信息应当清晰明了，便于财务会计报告使用者理解和使用。 ( )

8. 企业在会计核算中要合理核算可能发生的损失和费用，做到谨慎不误。 ( )

9. 会计科目是对会计对象的具体内容进行分类核算的项目，也就是按照经济内容对各个会计要素所作的进一步分类。( )

10. 所有者权益是指企业资产扣除负债后，由所有者享有的剩余权益。 ( )

四、单项选择题

1.《小企业会计制度》适用于( )。

A. 大中型企业

B. 股份制企业集团

C. 个人独资企业

D. 不对外筹资，经营规模较小的企业

2. 关于会计主体，正确的表述是( )。

A. 会计主体可以是一个法律主体，也可以是一个企业集团或是一个独立核算的经济组织

B. 会计主体可以是一个法律主体，但不能是企业集团

C. 会计主体可以是一个法律主体，但必须是一个企业集团

D. 会计主体可以是一个法律主体

3. 计提资产减值准备，是遵循会计信息质量的( )要求。

A. 重要性 B. 一致性 C. 谨慎性 D. 可比性

4.《小企业会计制度》规定，小企业的所得税核算采用( )。

A. 应付税款法　　B. 纳税影响会计法
C. 永久性差异　　D. 时间性差异

5. 小企业对融资租入固定资产的入账价值，采用(　　)。

A. 以合同或协议约定应支付的租赁款及使固定资产达到预定可使用状态前发生的其他有关必要支出来确定其入账价值

B. 最低租赁付款额与未来现金流量折现孰低法

C. 以合同或协议约定应支付的租赁款

D. 使固定资产达到预定可使用状态前发生的其他有关必要支出

6. 小企业借款费用资本化的计量，是(　　)。

A. 为购建固定资产而发生的专门借款，在购建固定资产达到预定可使用状态前发生的借款费用

B. 为购建固定资产而发生的专门借款费用

C. 在购建固定资产达到预定可使用状态前发生的借款费用

D. 专门借款费用支出挂钩

7. 小企业的会计核算以人民币为记账本位币的理论基础是(　　)。

A. 会计主体　　B. 货币计量
C. 会计分期　　D. 持续经营

8. 小企业的会计信息应当清晰明了，便于理解和运用。是遵循会计信息质量要求(　　)。

A. 及时性　B. 配比性　C. 一致性　D. 可理解性

9. 小企业的各项资产在取得时应当按照实际成本计量，是按照(　　)会计计量属性计量。

A. 重置成本　B. 现值　C. 公允价值　D. 历史成本

10. 不属于期间费用的费用是(　　)。

A. 营业费用　B. 管理费用　C. 财务费用　D. 制造费用

五、多项选择题

1. 会计法规体系包括(　　)。

A. 会计法　　B. 会计行政法规

C. 会计部门规章　　D. 规范文件

2. 会计核算的基本前提是(　　)。

A. 会计主体　B. 货币计量　C. 会计分期　D. 持续经营

3. 小企业应计提的资产减值准备有(　　)。

A. 坏账准备　　B. 短期投资跌价准备

C. 存货跌价准备　　D. 固定资产减值准备

4. 资产按其流动性一般可分为(　　)。

A. 流动资产　　B. 长期投资

C. 固定资产　　D. 无形资产和其他资产

5. 货币资金包括(　　)。

A. 现金　B. 银行存款　C. 其他货币资金　D. 其他应收款

6. 长期投资是指不能或不准备在一年内变现的投资，包括(　　)。

A. 股票投资　B. 债券投资　C. 其他投资　D. 短期投资

7. 长期负债是指偿还期在一年或者超过一年的一个营业周期以上的债务，包括(　　)。

A. 长期借款　　B. 应付工资

C. 待转资产价值　　D. 长期应付款

8. 所有者权益是指企业资产扣除负债后，由所有者享有的剩余权益，包括(　　)。

A. 实收资本　B. 资本公积　C. 盈余公积　D. 未分配利润

9. 盈余公积是指按照国家规定，从税后净利润中提取的公积金，包括(　　)。

A. 法定盈余公积　　B. 任意盈余公积金

C. 资本公积　　D. 未分配利润

10. 小企业会计要求企业按月编报的两个基本报表是（　）。

A. 资产负债表　　B. 利润表

C. 现金流量表　　D. 应交增值税明细表

六、简答题

1. 简述会计法规体系的概念。

2. 简述小企业会计的特点。

3. 资产的基本特征是什么？

4. 负债的基本特征是什么?

5. 小企业会计信息质量要求有哪些?

第二章　货 币 资 金

一、名词解释

1. 银行存款

2. 未达账项

3. 存出投资款

二、填空题

1. 根据货币资金的存放地点及其用途的不同，货币资金分为现金、________和__________。

2. 库存现金的________一般按照__________天日常零星开支的需要确定。

3. 支票是________签发的，委托办理支票存款业务的银行在见票时________支付确定的金额给收款人或持票人的票据。

4. 银行存款账户分为______________，一般存款账户、

__________和专用存款账户。

5. 其他货币资金是指企业除现金、银行存款以外的其他各种货币资金，主要包括外埠存款、__________、银行本票存款、信用证保证金存款、__________和存出投资款等。

三、判断题

1. 现金具有较强的流动性，很容易滋生舞弊行为，为此，企业应严格遵守国家有关现金管理的规定，实行严格的控制和管理。 （ ）

2. 需要增加或减少库存现金限额的企业，应向开户银行提出申请，由开户银行核定。 （ ）

3. 一个企业只能选择一家银行的营业机构开立一个基本存款账户，不得在多家银行机构开立基本存款账户。 （ ）

4. 单位和个人办理支付结算，可以签发没有资金保证的票据或远期支票。 （ ）

5. 单位和个人在同一票据交换区域的各种款项结算，均可使用支票结算。 （ ）

6. 单位和个人各种款项的异地结算，均可使用汇兑结算方式。 （ ）

7. 未达账项是因同一笔业务，企业和银行各自入账的时间不相同所致。 （ ）

8. 对于因未达账项而使双方账面余额出现的差异，应作账面的调整。 （ ）

9. 外埠存款是指企业到外地进行临时或零星采购时，汇往采购地银行开立采购专户的款项。 （ ）

10. 采购账户资金可计利息。除采购人员的差旅费可以支取少量现金外，其他一律转账。 （ ）

四、单项选择题

1. 库存现金的限额一般情况按照企业(　　)天的日常零星开支核定。

A. 3~5天　B. 10天　C. 15天　D. 30天

2. 企业从开户银行提取现金时，应如实写明提取现金的用途，由本单位(　　)负责人签字盖章，并经开户银行审查批准后予以支付。

A. 管理部门　B. 业务部门　C. 人事部门　D. 财会部门

3. 银行对于违反现金管理规定的单位，将按照违规金额的(　　)予以处罚。

A. 5%　B. 3%　C. 10%　D. 一定比例

4. 银行支付结算方式，分为现金结算和(　　)两种。

A. 支票结算　B. 转账结算　C. 支付结算　D. 汇兑结算

5. 托收承付是根据购销合同由(　　)发货后委托银行向异地付款人收取款项，由付款人向银行承认付款的结算方式。

A. 付款人　B. 收款人　C. 承付人　D. 销售人

6. 采用托收承付结算方式，付款单位如拒绝付款，属于全部拒付的，(　　)。

A. 进行账务处理　　B. 作部分账务处理

C. 不作账务处理　　D. 部分不作账务处理

7. 企业委托当地银行将款项汇往采购地开立专户时，借记“其他货币资金——外埠存款”科目，贷记(　　)科目。

A. 银行存款　B. 现金　C. 应收账款　D. 应付账款

8. 银行汇票存款应通过(　　)科目核算。

A. 现金　B. 银行存款　C. 其他货币资金　D. 其他应收款

9. 小企业应设置“其他货币资金”(　　)，对于其他货币资金的增减变化情况进行总分类核算。

A. 明细账户 B. 总账账户 C. 二级账户 D. 三级账户

10. 银行本票是( )票据。

A. 同城支付 B. 异地支付 C. 同城和异地支付 D. 汇兑

五、多项选择题

1. 企业库存现金的管理，根据国务院颁发的《现金管理暂行条例》的规定，主要包括( )。

A. 现金使用范围 B. 库存现金的限额

C. 现金收支的控制 D. 现金清查

2. 企业在银行开设的银行账户有( )。

A. 基本存款账户 B. 一般存款账户

C. 临时存款账户 D. 专用存款账户

3. 中国人民银行《支付结算办法》规定：单位和个人办理支付结算，( )。

A. 不准签发没有资金保证的票据或远期支票，套取银行信用

B. 不准签发，取得和转让没有真实交易和债权债务的票据，套取银行和他人资金

C. 不准无理拒绝付款，任意占用他人资金

D. 不准违反规定开立和使用账户

4. 在“银行存款”科目核算的银行支付结算方式有( )。

A. 支票结算方式 B. 汇兑结算方式

C. 委托收款结算方式 D. 托收承付结算方式

5. 单位和个人凭( )等付款人债务证明办理款项的同城或异地结算，均可使用委托收款结算方式。

A. 已承兑商业汇票 B. 债券 C. 存单 D. 支票

6.(　　)商品的款项，不得办理托收承付结算。

A. 代销　B. 销售　C. 寄销　D. 赊销

7. 银行存款的清查是指企业银行存款日记账与有关账单进行的核对，应做到(　　)。

A. 账证相符　B. 账账相符　C. 账表相符　D. 账单相符

8. 其他货币资金是指企业除现金、银行存款以外的其他各种货币资金，主要包括(　　)。

A. 委托收款　　B. 外埠存款

C. 银行汇票存款　　D. 银行本票存款

9. 小企业应设置“其他货币资金”总账账户，对于其他货币资金的增减变化情况进行总分类核算，并按照外埠存款、银行汇票存款、银行本票存款、(　　)等设置明细科目，进行明细分类核算。

A. 汇兑　　B. 信用证保证存款

C. 信用卡存款　　D. 存出投资款

10. 外埠存款以汇款单位名义开立的采购账户，(　　)。

A. 只付不收

B. 付完结束账户

C. 不计利息

D. 除采购人员的差旅费可以支取少量现金外，其他一律转账

六、简答题

1. 现金使用的范围是什么？

2. 未达账项是因同一笔业务，企业和银行各自入账的时间不相同所致，其差别表现是什么？

七、实务题

某小企业6月30日的银行存款日记账余额为2 080 000元，而银行存款对账单上企业银行存款余额为2 060 000元，经逐笔核对，发现有以下未达账项：

(1) 6月28日，该企业委托银行代收款项8 000元，银行已收款入账，而该企业尚未收到银行的收款通知，所以尚未入账。

(2) 6月29日，该企业开出支票5 000元，持票人尚未到银行办理转账手续，银行尚未入账。

(3) 6月30日，银行代该企业支付电费3 000元，该企业尚未收到银行的付款通知，所以尚未入账。

(4) 6月30日，该企业送存转账支票30 000元，银行尚未入账。

根据以上未达账项，编制“银行存款余额调节表”(表1)

表 1　　银行存款调节表　　单位：元

项　目	余　额	项　目	余　额
银行存款对账单余额		企业银行存款日记账余额	
加：送存转账支票		加：银行代收款项	
减：开出转账支票		减：银行代付电费	
调节后银行存款对账单余额		调节后企业银行存款日记账余额	

第三章 应收款项

一、名词解释

1. 应收账款

2. 应收账款融资

3. 商业汇票

4. 其他应收款

5. 待摊费用

二、填空题

1. 现金折扣是指________为鼓励债务人在规定的期限内付款，而向________提供的债务扣除。

2. 预付账款是指企业为取得__________所需要的材料、物品等而按照__________规定预付给供应单位的款项。

3. 应收票据是指企业因销售______、产品、______等而收到的商业汇票。

4. 小企业应设置“其他应收款”__________，对于其他应收款的增减变化情况进行________核算。

5. 计提坏账准备的方法有应收款项______________、账龄分析法、销货百分比法和______________等，具体采用何种方法由企业自行确定。

三、判断题

1. 企业在正常经营过程中由于主营业务而发生的应向客户收取的货款及从属费用，均属于应收账款的范围。 （ ）

2. 商业折扣对应收账款和营业收入的入账价值没有什么实质上的影响。 （ ）

3. 现金折扣只有客户在折扣期内支付货款时，才予以确认，在这种方法下，销售方把给予客户的现金折扣视为加速资金周转的理财费用，在管理费用中列支。 （ ）

4. 企业为了鼓励客户在一定时期内早日付款，通常与债务人达成协议，债务人在不同期限内付款可享受相同比例的折扣。 （ ）

5. 商业汇票在同城或异地均可使用，但必须具有真实的交易关系或债权债务关系，才能使用商业汇票。 （ ）

6. 银行承兑汇票是由银行承兑，由在承兑银行开立存款账户的付款人签发的商业汇票。 (　　)

7. 带息应收票据，应在期末计提利息，计提利息的计算公式为：到期应计利息 = 应收票据票面金额 × 票面利率 × 期限。 (　　)

8. 应收票据贴现实质上是为企业融通资金的一种方式。 (　　)

9. 坏账是指企业无法收回或收回的可能性极小的应收款项。 (　　)

10. 计提坏账准备的范围包括应收账款、其他应收款和预付账款。 (　　)

四、单项选择题

1. 应收账款是指企业因销售商品、产品、提供劳务等，应向(　　)或接受劳务单位收取的款项。

A. 供货单位　B. 购货单位　C. 销货单位　D. 运输单位

2. 在存在商业折扣的情况下，企业应收账款的入账价值应按扣除商业折扣以后的(　　)确认。

A. 计划售价　B. 实际进价　C. 计划进价　D. 实际售价

3. 现金折扣一般用“折扣/付款期限”表示，例如，(　　)，1/20，n/30 符号表示。

A. 2/10　B. 3/10　C. 5/10　D. 8/10

4. 小企业将应收债权出售给银行等金融机构，不附有追索权，所售应收债权的风险完全由(　　)承担。

A. 小企业　B. 债权人　C. 债务人　D. 银行等金融机构

5. 小企业将应收债权出售给银行等金融机构，附有追索权，所售应收债权的风险完全由(　　)承担。

A. 小企业　B. 纳税人　C. 债务人　D. 银行等金融机构

6. 发生预付账款业务不多的小企业，可以将预付账付款业务并入“(　)”科目核算。

A. 应收账款　　B. 应付账款

C. 其他应收款　　D. 其他应付账款

7. 商业汇票按其承兑人不同分为(　　)和银行承兑汇票两种。

A. 商业承兑汇票　B. 银行汇票　C. 银行本票　D. 支票

8. 小企业应收的各种赔款、罚款，应向职工收取的各种垫付款项等，应计入“(　　)”科目。

A. 其他应收款　B. 应收账款　C. 应付账款　D. 应付账款

9. 小企业持有的未到期应收票据，如有确凿证据表明不能够收回或收回的可能性不大，应将“应收票据”科目余额转入“(　　)”科目，并按规定提取相应的坏账准备。

A. 预付账款　B. 预收账款　C. 应收账款　D. 其他应收款

10. 小企业支付时间较长的预付账款，如有确凿证据表明供货方不能供货，预付款项也无法收回时，应将“预付账款”科目余额转入“(　　)”科目，并按规定提取相应的坏账准备。

A. 预付账款　B. 预收账款　C. 应收账款　D. 其他应收款

五、多项选择题

1. 应收账款是指企业因销售商品、产品、提供劳务等，应向(　　)收取的款项。

A. 购货单位　　B. 接受劳务单位

C. 销货单位　　D. 供货单位

2. 在现金折扣的情况下，现金折扣的比例一般分为(　　)。

A. 2/10　B. 1/20　C. n/30　D. 3/20

3. 小企业应收账款融资的方式有(　　)。

A. 以应收账款等应收债权为质押取得银行借款

B. 出售应收债权不附有追索权

C. 出售应收债权相关的销售退回及销售折让

D. 出售应收债权附有追索权

4. 商业汇票按是否计息，可分为(　　)。

A. 商业承兑汇票　　B. 银行承兑汇票

C. 不带息票据　　D. 带息票据

5. 不带息应收票据的期限按(　　)表示。

A. 日　B. 月　C. 季　D. 年

6. 其他应收款核算的内容主要包括(　　)。

A. 应收的各种应收赔款、罚款

B. 应收出租包装物租金

C. 应向职工收取的各种垫付款项

D. 其他各种应收、暂付款项

7. 待摊费用核算的内容主要包括(　　)。

A. 固定资产融资租入费

B. 预付经营租赁固定资产租金

C. 预付保险费

D. 低值易耗品摊销

8. 计提坏账准备的范围(　　)。

A. 应收票据　B. 应收账款　C. 其他应收款　D. 预付账款

9. 计提坏账准备的方法(　　)。

A. 余额百分比法　　B. 账龄分析法

C. 销货百分比法　　D. 个别认定法

10. 小企业应设置“坏账准备”总账账户，对于坏账准备的(　　)情况进行总分类核算。

A. 计提　B. 转出　C. 转销　D. 转销又收回

六、简答题

1. 简述现金折扣。

2. 简述应收账款融资。

七、实务题

1. 某小企业 2005 年 3 月 10 日，销售给 W 公司一批商品，开出的增值税专用发票上注明的商品价款为 500 000 元，增值税销项税额为 85 000 元。双方商定的付款条件（现金折扣不考虑增值税）为 2/10，1/20，n/30，W 公司在 15 天付款。请根据资料编制相关会计分录。

2. 某小企业于6月1日，将持有的一张B公司3月1日签发的6个月期限的带息商业汇票向银行贴现，票面价值为400 000元票面利率为6%，按月计提利息，银行贴现率为9%；票据到期后承兑人无力支付票据款，某小企业银行存款账户余额不足支付，银行作为逾期贷款处理。请根据资料计算编制相关会计分录。

3. 某小企业采用应收款项余额百分比法计提坏账准备，提取比率为5‰，2005年年初坏账准备账户余额为20 000元；2005年3月8日将应收A公司货款10 000元，经批准作为坏账损失转销；2005年年末该企业应收账款账户余额为5 000 000元，其他应收款账户余额为1 000 000元。请根据资料计算编制相关会计分录。

第四章 存 货

一、名词解释

1. 存货

2. 加权平均法

3. 库存商品

4. 库存商品售价金额核算法

二、填空题

1. 确认存货的具体标准是企业对货物是否具有________，而不论其存放在何处或处于________。

2. 凡是法定所有权不属于企业的物品，即使存放于______，也不应确认为企业的______。

3. 先进先出法是以先购入先发出的__________为依据，对发出存货和结存存货进行____的一种方法。

4.“材料成本差异”科目核算企业各种材料的__________与________之间的差额。

5. 存货跌价准备的结转、除债务重组和非货币性资产交换等以外，企业__________时可不结转相应的存货跌价准备，待期末一并进行______。

三、判断题

1. 存货的确认必须同时满足两个条件，一是该存货包含的经济利益很可能流入企业；二是该存货的成本能够可靠地计量。 ( )

2. 产成品是指工业企业已经完成全部生产过程并验收入库，可以按照合同规定的条件送交订货单位，或者可以作为商品对外销售的产品。 ( )

3. 库存商品是指商品流通企业外购或委托加工完成验收入库，用于生产的各种商品。 ( )

4. 低值易耗品是指不能作为固定资产的各种用具物品，如工具、管理用具、玻璃器皿、劳动保护用品，以及在经营过程中周转使用容器等。 ( )

5. 委托代销商品是指企业委托其他单位代销的商品。 ( )

6. 自制的存货，应按生产过程中发生的实际成本入账。 ( )

7. 投资者投入的存货，应按投资各方确认的价值入账。 ( )

8. 个别计价法又称个别认定法或分批实际法。采用这种计价方法的存货，必须具有数量不多、单位价值高、易于辨认等特点。（ ）

9. 小企业材料发出的核算，应根据不同的发出方式，采用相适应的计价方法，进行正确的核算。

（ ）

10. 发出材料应负担的材料成本差异 = 发出材料计划成本 ÷ 材料成本差异率（ ）

四、单项选择题

1. 库存商品是指商品流通企业外购或委托加工完成验收入(　　)的各种商品。

A. 用于生产　B. 用于加工　C. 用于销售　D. 用于建设

2.《小企业会计制度》规定："小企业的各项资产在取得时应当按照(　　)计量"。

A. 实际成本　B. 计划成本 C. 单位成本　D. 生产成本

3. 属于增值税一般纳税人的企业，购入存货需支付的增值税进项税额，应(　　)，不包括在购入存货成本中。

A. 合并核算　B. 统一核算　C. 混合核算　D. 单独核算

4. 企业自制并已验收入库的材料，按生产过程中发生的实际成本，借记"(　　)"科目，贷记"生产成本"科目。

A. 库存商品　B. 材料　C. 低值易耗品　D. 在途物资

5.《小企业会计制度》规定：采用计划成本进行材料日常核算的企业，可以增设"(　　)"和"材料成本差异"科目。

A. 物资采购　　B. 在途物资

C. 委托加工物资　　D. 委托代销商品

6. 小企业必须(　　)材料成本差异，将已发出材料的计划成本调整为实际成本。

A. 按日分摊 B. 按月分摊 C. 按季分摊 D. 按年分摊

7. 小企业应当根据具体情况，对低值易耗品采用( )或分次摊销方法。

A. 一次 B. 多次 C. 五五 D. 四六

8. 小企业在销售产成品并结转成本时，借记“( )”科目，贷记“库存商品”科目。

A. 主营业务及附加 B. 主营业务成本

C. 生产成本 D. 购进成本

9. 商品流通企业的库存商品核算主要分为( )和售价核算两种方法。

A. 市场价 B. 协商价 C. 估计价 D. 进价核算

10. 小企业对于各种存货，( )进行清查盘点。

A. 应定期 B. 应不定期 C. 应短期 D. 应长期

五、多项选择题

1. 存货的确认必须同时满足两个条件，( )。

A. 该存货包含的经济利益很可能流入企业

B. 该存货的成本能够可靠地计量

C. 该存货包含的经济利益不可能流入企业

D. 该存货的成本不能可靠地计量

2. 小企业存货主要包括( )以及低值易耗品、委托代销商品等。

A. 材料 B. 在产品 C. 半成品 D. 商品

3. 低值易耗品是指不能作为固定资产的各种用具物品，如( )劳动保护用品，以及在经营过程中周转使用容器等。

A. 工具 B. 管理用具 C. 玻璃器皿 D. 土地使用权

4. 从事商品流通的企业购入商品抵达仓库前发生的(　　)运输途中的合理损耗和入库前的挑选整理费用等采购费用直接计入当期营业费用，不计入所购存货成本。

A. 包装费　B. 运杂费　C. 保险费　D. 装卸费

5. 小企业发出存货的实际成本，可以采用(　　)、移动平均法、个别计价法等方法计算确定。

A. 先进先出法　　B. 加权平均法

C. 一次摊销法　　D. 分次摊销法

6. 个别计价法又称个别认定法或分批实际法。采用这种计价方法的存货，必须具有(　　)等特点。

A. 商品质量好　　B. 数量不多

C. 单位价值高　　D. 易于辨认

7. 材料发出核算内容主要包括(　　)和出售材料等。

A. 生产领用材料　　B. 销售商品

C. 生产领用包装物　　D. 出租、出借包装物

8. 产成品按实际成本核算的情况下，产成品的(　　)，平时只记数量不记金额。

A. 结存　B. 收入　C. 发出　D. 销售

9. 商品流通企业的库存商品核算主要分为(　　)两种方法。

A. 进价核算　　B. 售价核算

C. 生产成本价核算　　D. 市场价核算

10. 小企业应当定期或者至少于每年年度终了，对存货进行全面清查，如由于存货(　　)等原因，使存货可变现净值低于其成本的部分，应当提取存货跌价准备。

A. 遭受毁损　　B. 全部或部分陈旧过时

C. 销售价格低于成本　　D. 保管损耗

六、简答题

1. 简述小企业购入存货的实际成本构成。

2. 简述小企业计提存货跌价准备的规定及要求。

七、实务题

1. 某小企业为增值税一般纳税人，2005 年 2 月 18 日购入甲公司一批材料，取得的增值税专用发票上注明的材料价款为 200 000元，增值税进项税额为 34 000 元，支付运输费 1 000 元，运输费可抵扣增值税进项税额比例为 7%，发票、结算凭证已经收到，款项未支付，材料验收入库。请根据资料编制相关会计分录。

2. 某小企业4月份的“发料凭证汇总表”中列明，各部门领用材料数额为：生产车间生产产品领用100 000元，车间管理部门8 000元。企业管理部门5 000元。请根据资料编制相关会计分录。

3. 某小企业系商品流通企业，对于库存商品采用进价金额核算。2006年10月8日购入一批商品，取得的增值税专用发票上注明A商品价款为200 000元，增值税进项税额34 000元，B商品价款为100 000元，增值税进项税额17 000元；支付运杂费1 000元，运输费800元，可抵扣增值税进项税额56（800×7%）元，款项以银行存款支付，商品已验收入库。请根据资料编制相关会计分录。

4. 某小企业库存商品采用进价金额核算，2007 年 3 月 30 日销售 A 商品一批，开出的增值税专用发票上注明销售价款为 500 000元，增值税销项税额为 85 000 元，商品发出，收到款项存入银行。本月份共发生销售成本为 800 000 元。请根据资料编制该企业销售和月末结转销售成本的会计分录。

第五章　投　　资

一、名词解释

1. 短期投资

2. 短期投资跌价准备

3. 长期债权投资

4. 长期股权投资

5. 应收股息

二、填空题

1. 投资是指企业为通过分配来__________，或为谋求其他利益而将__________其他单位所获得的另一项资产。

2. 按照投资的变现能力及投资目的，通常可分为________和长期投资。长期投资按投资的性质可分为______________和长期股权投资。

3. 企业的短期投资应按照取得时的__________入账。实际成本是指取得__________、债券时实际支付的价款。

4. 小企业对外进行长期股权投资，应当视被投资单位的__________，分别采用________或权益法核算。

5. 长期股权投资在股权__________，企业应于被投资单位宣告发放__________或利润时确认投资收益。

三、判断题

1. 小企业应设置“短期投资”总账账户，对于企业购入随时变现，并且持有时间不准备超过1年（含1年）的投资增减变化情况进行总分类核算。（　）

2. 短期投资应按照总成本与总市价孰低计量，当总市价高于总成本时，应当计提短期投资跌价准备。（　）

3. 出售短期投资时，除债务重组和非货币性资产交换等以外，出售的短期投资已计提的短期投资跌价准备可在期末时一并调整。（　）

4. 企业取得长期债权投资，应正确确定其入账价值。（　）

5. 企业购入债券时所发生的手续费等相关税费，应直接计入当期损益，列入管理费用。（　）

6. 接受投资者投入的长期债权投资，应按投资各方确认的价值作为实际成本。（ ）

7. 小企业应设置“长期债权投资”总账账户，对于长期债权投资进行总分类核算。该账户属于资产类账户。（ ）

8. 按面值购入债券是指企业按照债券面值标明的金额购入债券。此时债券票面利率与市场利率不相等。（ ）

9. 小企业购入折价发行的债券，对于每期应分摊的折价金额，应增加投资收益。（ ）

10. 小企业长期股权投资，对被投资单位无控制、无共同控制，且无重大影响的，长期股权投资应当采用权益法核算。

（ ）

四、单项选择题

1. 企业的短期投资，实际支付的价款中包含已宣告但尚未领取的现金股利或已到付息期但尚未领取的债券利息，应单独核算，计入（ ）。

A. 应收股息　　B. 应收账款

C. 其他应收款　　D. 其他应付款

2. 小企业应设置“（ ）”总账账户，对于企业对外投资所取得的收益或发生的损失进行总分类核算。

A. 短期投资　B. 长期投资　C. 投资收益　D. 应收股息

3. 短期投资持有期间所收到的股利、利息等，不确认投资收益，作为冲减（ ）。

A. 投资收益　B. 投资成本　C. 生产成本　D. 应收股息

4. 短期投资的处置，是指短期投资的出售、（ ）等情况。

A. 出租　B. 出借　C. 让渡　D. 转让

5. 溢价购入债券是指企业以高于债券面值的价格购入债券，

溢价差额的产生主要是债券票面利率高于当时(　　)。

A. 市场利率　B. 贷款利率　C. 银行利率　D. 国债利率

6. 小企业持有的长期债券应按期计提利息，计提的利息按(　　)×持有期限计算，计入当期投资收益。

A. 债券面值　B. 账面价值　C. 账面金额　D. 账面余额

7. 小企业购入债券的溢折价在债券(　　)于确认债券利息收入时以直线法摊销。

A. 存续期间外　　B. 长于存续期间

C. 存续期间内　　D. 短于存续期间

8. 长期股权投资采用权益法核算，其账面余额应根据享有(　　)所有者权益份额的变动，对长期股权投资的账面余额进行调整。

A. 被投资单位　B. 投资单位　C. 核算单位　D. 独立单位

9. 小企业以非货币性资产交换取得的长期投权投资，其投资成本的确定按照(　　)的原则处理。

A. 借款费用　　B. 或有事项

C. 债务重组　　D. 非货币性资产交换

10. 小企业长期股权投资的核算所采用的权益法，是(　　)，不确认和摊销股权投资差额。

A. 权益法　B. 简化的权益法　C. 成本法　D. 直线法

五、多项选择题

1. 短期投资应符合的条件有(　　)。

A. 能够在公开市场交易并且有明确市价

B. 持有投资作为剩余资金的存放形式

C. 保持其流动性和获利性

D. 投资期限较长

2. 短期投资的特点有(　　)。

A. 变现能力强　　　　　B. 持有期限较短

C. 以获得经济利益为目的　D. 不以控制被投资单位为目的

3. 小企业短期投资的核算，应设置“(　　)”等科目。

A. 短期投资　　　　　　B. 应收股息

C. 投资收益　　　　　　D. 短期投资跌价准备

4. 小企业购入长期债券，按债券发行方式分为(　　)。

A. 市场价购入　B. 面值购入　C. 溢价购入　D. 折价购入

5. 购入分期付息，到期还本的债券，对已到付息期但尚未领取的债券利息确认利息收入时(　　)。

A. 借记“应收股息”科目

B. 贷记“投资收益”科目

C. 借记“长期债权投资”科目

D. 贷记“应收股息”科目

6. 长期股权投资实际成本，是指取得长期股权投资时支付的全部价款，包括(　　)，但不包括实际支付的价款中包含的已宣告但尚未领取的现金股利。

A. 税金　B. 手续费　C. 相关费用　D. 利息

7. 小企业长期股权投资，对被投资单位具有(　　)的，长期股权投资应当采用权益法核算。

A. 控制　B. 共同控制　C. 重大影响　D. 无重大影响

8. 小企业长期股权投资，对被投资单位(　　)的，长期股权投资应当采用成本法核算。

A. 重大影响　B. 无控制　C. 无共同控制　D. 无重大影响

9. 长期股权投资在股权持有期内，企业应于被投资单位宣告发放(　　)时确认投资收益。

A. 债券利息　B. 存款利息　C. 现金股利　D. 利润

10. 小企业长期股权投资采用(　　)核算，在长期股权投资取得时，均按实际成本作为投资成本，在核算上是一致的。

A. 权益法　B. 成本法　C. 直线法　D. 递延法

六、简答题

1. 企业取得长期债权投资，应如何确定其入账价值?

2. 小企业长期股权投资采用权益法与成本法核算的区别是什么?

七、实务题

1. 某小企业于 2008 年 1 月 1 日，购入 E 公司 B 股票 15 000 股，作为短期投资，每股成交价 10.50 元，其中 0.50 元为已宣告但尚未发放的现金股利，股权截止日为 8 月 31 日，另外支付相关税费 1 000 元，款项以银行汇票支付。请根据资料编制相关会计分录。

2. 某小企业将持有的到期一次还本付息的债券出售，出售价为350 000元，账面面值为280 000元，应计利息30 000元，未摊销折价10 000元，出售债券款存入银行。请根据资料编制相关会计分录。

3. 某小企业2005年1月1日，购入W股份有限公司股票100 000股，每股价格15.5元，其中含已宣告但尚未领取的现金股利0.5元，另支付相关税费3 000元，所持股份占W股份有限公司有表决权资本的16%，并准备长期持有。请根据资料编制相关会计分录。

4. 沿用3题资料，如果W股份有限公司2006年2月20日宣告分派2005年度的现金股利，每股0.3元。某企业于3月30日收到现金股利，款项存入银行。请根据资料编制相关会计分录。

第六章　固 定 资 产

一、名词解释

1. 固定资产

2. 固定资产的确认

3. 固定资产折旧

4. 年限平均法

5. 投资转出的固定资产

二、填空题

1. 由于企业的经营性质不同、经营规模不同，对固定资产的分类不可能完全一致，企业可以根据各自的______和经营管理、______的需要，进行必要的分类。

2. 固定资产应按其取得时的成本作为______，取得时的成本包括买价、进口税等税金、运输和保险等______，以及为使固定资产达到预定可使用状态前所必要的支出。

3. 盘盈的固定资产，按其市场价或同类、类似固定资产的______，减去按该项固定资产的新旧程度估计的______后余额作为其成本。

4. 小企业对经营租赁方式租入的固定资产所发生的______，应予资本化，作为长期待摊费用，在剩余租赁期内，______摊销。

5. 双倍余额递减法是在不考虑固定资产______的情况下，根据每年年初固定资产净值和双倍的直线法折旧率计算______折旧额的一种方法。

三、判断题

1. 固定资产拥有的目的是为了生产产品、提供劳务、出租或经营管理而拥有，则不是为了出售为目的。（　）

2. 企业在经营活动中，对于固定资产全部采用按照固定资产的经济用途和使用情况综合分类。（　）

3. 自制、自建的固定资产，按建造该项资产达到预定可使用状态前所发生的必要支出作为其成本。（　）

4. 经批准无偿调入的固定资产，按调出单位的账面价值加上发生的运输费、安装费等相关费用作为其成本。（　）

5. 企业购入不需要安装的固定资产，按买价加上相关税费以及使固定资产达到预定可使用状态前的其他支出作为入账价值。（　）

6. 小企业购入的固定资产，按建造资产达到预定可使用状态前所发生的必要支出作为入账价值。（　）

7. 已达到预定可使用状态的固定资产，如果办理了竣工决算手续后，应按估价暂估入账，并计提折旧。（　）

8.《小企业会计制度》规定，小企业一般按月提取折旧。如果企业采用“双倍余额递减法”计提折旧，则按照规定计算出的年折旧额除以 12 个月，即为每月应计提的折旧额。（　）

9. 所谓提足折旧，是指已经提足该项固定资产应提的折旧总额。（　）

10. 企业固定资产的后续支出，按可资本化的原则，不能计入固定资产价值的部分，应于发生时确认为当期费用，借记“管理费用——修理费”等科目，贷记“银行存款”等科目。（　）

四、单项选择题

1. 固定资产单位价值较高，是区别于（　）等资产的重要标志。

A. 低值易耗品　B. 无形资产　C. 材料　D. 库存商品

2. 租出固定资产是指在经营性租赁方式或（　）给外单位使用的固定资产。

A. 出借　B. 融资租入　C. 租赁　D. 出租

3. 土地是指过去已经估价并（　）的土地，因征地而支付的补偿费，应计入与土地有关的房屋、建筑物的价值内，不单独作为土地价值入账。

A. 单独入账　B. 不单独入账　C. 合并入账　D. 调整入账

4. 融资租入固定资产是指企业以融资租赁方式租入的固定资产，在(　　)，应视同自有固定资产进行管理。

A. 持有期内　B. 租赁期内　C. 持有期外　D. 租赁期外

5. “固定资产”总账账户，对于小企业固定资产的原价进行(　　)核算。

A. 分大类　B. 分类别　C. 总分类　D. 明细分类

6. “工程物资”总账账户，对于小企业库存的用于建造或修理企业固定资产(　　)的各种物资的实际成本进行总分类核算。

A. 计划项目　B. 工程项目　C. 投资项目　D. 开发项目

7. 小企业自行建造固定资产，按其(　　)分为发包建造工程和自营建造工程两种。

A. 投资方式　B. 制造方式　C. 购置方式　D. 建造方式

8. 建造工程完工后应当进行清理，已领出的剩余材料应当办理(　　)。

A. 清库手续　B. 入库手续　C. 退库手续　D. 出库手续

9. 工作量法是根据(　　)计提固定资产折旧额的一种方法。

A. 实际工作量　　　　B. 计划工作量

C. 估计工作量　　　　D. 预测工作量

10. 小企业在生产经营过程中，对那些不适用或不需用的固定资产，可以通过(　　)的方式进行处置。

A. 挂牌出售　B. 公开出售　C. 对内出售　D. 对外出售

五、多项选择题

1. 固定资产持有的目的是为了(　　)而持有，则不是为了出售为目的，这是区别于流动资产的重要标志。

A. 生产产品　B. 提供劳务　C. 出租　D. 经营管理

2. 固定资产应按其取得时的成本作为入账价值，取得时的成本包括(　　)，以及为使固定资产达到预定可使用状态前所必要的支出。

A. 买价　　B. 进口税等税金

C. 运输和保险　　D. 等相关费用

3. 为使固定资产达到预定可使用状态前所发生的可直接归属该资产的其他支出，如(　　)和专业人员服务费等。

A. 场地整理费　　B. 装卸费

C. 安装费　　D. 筹建期间借款利息

4. 由于固定资产取得的方式不同，其会计核算也不尽相同。主要包括如下方面：(　　)融资租入的固定资产、盘盈的固定资产、无偿调入的固定资产。

A. 外购的固定资产　　B. 自行建造的固定资产

C. 投资者投入的固定资产　　D. 出售的固定资产

5. 小企业应当根据固定资产所含经济利益预期实现方式选择折旧方法，可选用的折旧方法包括(　　)双倍余额递减法、年数总和法等。

A. 五五摊销法　　B. 一次摊销法

C. 年限平均法　　D. 工作量法

6. 小企业按月计提的固定资产折旧，借记“(　　)”、“其他业务支出”等科目，贷记“累计折旧”科目。

A. 制造费用　B. 管理费用　C. 生产成本　D. 财务费用

7. 小企业的固定资产投入使用后，为了适应新技术发展的需要，或者为维护或提高固定资产的使用效能，往往需要对现有固定资产进行(　　)或者改良。

A. 新建　B. 维护　C. 改建　D. 扩建

8. 与固定资产有关的后继支出，如果(　　)，应将发生的支出计入固定资产价值。

A. 使可能流入企业的经济利益超过了原先的估计

B. 延长了固定资产的使用寿命

C. 使生产的产品质量实质性提高

D. 使生产产品的成本实质性降低

9. 小企业在生产经营过程中，对那些不适用或不需用的固定资产，可以通过对外出售的方式进行处置；对那些(　　)，或的固定资产应及时进行清理。

A. 由于使用而不断磨损直到最终报废

B. 由于技术进步等原因发生提前报废

C. 于遭受自然灾害等非正常损失发生毁损

D. 能继续使用的固定资产

10. 企业收回出售固定资产的(　　)等，应冲减清理支出。按实际收到的出售价款以及残料变价收入等，借记"银行存款"、"材料"等科目，贷记"固定资产清理"科目。

A. 价款　B. 残料价值　C. 变价收入　D. 清理费用

六、简答题

1. 固定资产的特征是什么?

2. 固定资产按照经济用途和使用情况可以分为哪几类?

七、实务题

1. 某小企业 2005 年 1 月 20 日，购入一台需要安装的生产设备，取得的增值税专用发票上注明的设备价款为 200 000 元，增值税进项税额为 34 000 元，支付运输费 1 000 元，款项以银行存款支付。设备安装时领用材料 16 000 元，该批材料增值税进项税额为 2 720 元，支付安装工人的工资为 8 000 元，安装完毕交付使用。请根据资料编制相关会计分录。

2. 某小企业 2005 年 6 月 21 日，接受 F 公司投入的不需要安装的生产设备一台，该设备账面原价为 250 000 元，已提折旧 50 000元，双方确认价值为 210 000 元，以银行存款支付运杂费 5 000元。请根据资料编制相关会计分录。

3. 某小企业9月份固定资产计提折旧情况如下：

车间厂房计提折旧30 000元，机器设备计提折旧60 000元；管理部门房屋建筑物计提折旧24 000元，交通工具计提折旧15 000元；销售部门房屋建筑物计折旧16 000元，运输工具计折旧14 000元。请根据资料编制该企业计提折旧的会计分录。

4. 某小企业对生产车间的车床进行改良，该车床原价300 000元，已提折旧80 000元。改良中实际发生成本200 000元，拆除部分的变价收入为10 000元，车床进行改良后，大大提高了其生产产品的精确度，使生产产品的质量实质性的提高。固定资产后续支出符合资本化的条件，工程完工交付使用。请根据资料编制相关会计分录。

5. 某小企业有一台设备，因使用期满批准报废。该设备原价为 190 000 元，累计已计提折旧 180 000 元，在清理过程中，以银行存款支付清理费用 3 000 元，残料变价收入为 6 000 元，支付的相关税金为 300 元。请根据资料编制相关会计分录。

第七章　无形资产和其他资产

一、名词解释

1. 无形资产

2. 其他资产

3. 长期待摊费用

二、填空题

1. 虽然固定资产也能为企业带来＿＿＿＿＿＿，但在某些高新科技领域，＿＿＿＿＿＿往往显得更为重要。

2. 某些无形资产的存在有赖于＿＿＿＿＿＿，如计算机软件需要存储在磁盘中，但这并没有改变无形资产本身不具有＿＿＿＿＿＿的特性。

3. 无形资产属于＿＿＿＿＿＿，主要是因为其能在超过企业的一个＿＿＿＿＿＿内为企业创造经济利益。

4. 软件公司开发的、用于__________的计算机软件，对于购买方而言属于__________，而对于开发商而言却是存货。

5. 企业应将所拥有的__________的价值在一定期限内摊销，分期计入__________。

三、判断题

1. 不具有实物形态是无形资产区别于其他资产的特征之一。（ ）

2. 无形资产属于非货币性资产，且不是流动资产，是无形资产的又一特征。（ ）

3. 企业持有无形资产的目的是为了出售而不是为了生产经营。（ ）

4. 无形资产在创造经济利益方面存在较大不确定性。（ ）

5. 无形资产必须与企业的其他资产结合，才能为企业创造经济利益。（ ）

6. 无形资产取得时的计价，是指确定无形资产的取得成本。（ ）

7. 无形资产的取得方式不同，其成本的具体确定方法相同。（ ）

8. 外购的无形资产应以实际支付的价款作为入账价值。（ ）

9. 企业接受投资者投入的无形资产，应以投资各方确认的价值作为入账价值。（ ）

10. 如果企业接受捐赠的无形资产金额较大，经批准在不超过10年的期间内分期平均计入各年度应纳税所得额，计算交纳所得税。（ ）

四、单项选择题

1. 无形资产通常表现为某种权力、某项技术或某种获得超额利润的(　　)，如土地使用权、非专利技术、商誉等。

A. 综合能力　B. 生产能力　C. 盈利能力　D. 组合能力

2. 无形资产区别于货币性资产的特征，就在于它属于(　　)资产。

A. 货币性能　B. 流动性　C. 非货币性　D. 固定性

3. 企业利用无形资产来生产商品、提供劳务、出租给他人或为企业(　　)服务。

A. 生产管理　B. 经营管理　C. 经济管理　D. 财务管理

4. 无形资产取得时的计价，是指确定无形资产的(　　)。

A. 历史成本　B. 生产成本　C. 销售成本　D. 取得成本

5. 无形资产获得成功并依法申请取得权利时，不得再将原已计入费用的研究与(　　)资本化。

A. 成本费用　B. 开发费用　C. 生产费用　D. 财务费用

6. 企业购入的土地使用权，或以支付土地出让金方式取得的土地使用权，按照实际支付的价款作为实际成本，并作为(　　)核算。

A. 无形资产　B. 固定资产　C. 流动资产　D. 其他资产

7. 企业自用的无形资产，其摊销的价值计入当期(　　)。

A. 生产费用　B. 制造费用　C. 管理费用　D. 成本费用

8. 企业出租无形资产所取得的租金收入，借记“银行存款”等科目，贷记“(　　)”等科目。

A. 其他业务收入　　B. 主营业务收入

C. 销售收入　　D. 其他收入

9. 应当由本期负担的借款利息、租金等，不得作为(　　)

处理。

A. 主营业务成本　　B. 预提费用

C. 待摊费用　　D. 长期待摊费用

10. 企业在(　　)发生的费用，应于发生时，借记“长期待摊费用”科目，贷记有关科目。

A. 建设期间　　B. 完工期间

C. 筹建期间内　　D. 筹建期间外

五、多项选择题

1. 无形资产是指企业为(　　)，或为管理目的而持有的、没有实物形态的非货币性长期资产。

A. 生产商品　B. 提供劳务　C. 出租给他人　D. 出售

2. 无形资产，包括(　　)土地使用权等。

A. 专利权　B. 非专利技术　C. 商标权　D. 著作权

3. 无形资产通常表现为某种权力、某项技术或某种获得超额利润的综合能力，如(　　)商誉等。

A. 所有权　B. 土地使用权　C. 非专利技术　D. 商誉

4. 无形资产为企业创造经济利益的方式，具体表现为(　　)等。

A. 销售产品取得的收入

B. 提供劳务取得的收入

C. 让渡无形资产的使用权给他人取得的租金收入

D. 也可以表现为因为使用无形资产而改进了生产工艺、节约了生产成本

5. 无形资产必须与企业的其他资产结合，才能为企业创造经济利益。所指“其他资产”包括(　　)等。

A. 足够的人力资源　　B. 高素质的管理队伍

C. 相关的硬件设备　　　　D. 相关的原材料

6. 企业自行开发并按法律程序申请取得的无形资产，按依法取得时发生的(　　)等作为其实际成本。

A. 注册费　B. 律师费　C. 开发费　D. 研究费

7. 企业在研究与开发过程中发生的(　　)等，直接计入当期损益。

A. 材料费用

B. 直接参与开发人员的工资福利费

C. 租金

D. 借款费用

8. 无形资产的成本，应当自取得当月起在预计使用年限内分期平均摊销，无形资产摊销的起始和停止日期为：(　　)。

A. 当月增加的无形资产，当月开始摊销

B. 当月减少的无形资产，当月不再摊销

C. 当月增加的无形资产，下月开始摊销

D. 当月减少的无形资产，当月进行摊销

9. 其他资产是指除(　　)无形资产以外的资产，如长期待摊费用等。

A. 待摊费用　B. 流动资产　C. 长期投资　D. 固定资产

10. 企业在筹建期间内发生的费用，包括(　　)差旅费、印刷费、注册登记费以及不计入固定资产价值的借款费用等。

A. 人员工资　B. 办公费　C. 培训费　D. 业务招待费

六、简答题

1. 无形资产的特征有哪些？

2. 纳税人接受捐赠的无形资产，交纳所得税的规定有哪些？

3. 土地使用权如何确认？

七、实务题

1. 某小企业购入一项专利权，合同规定有效年限为10年，发票价格为400 000元，款项已通过银行转账支付。请根据资料编制相关会计分录。

2. 某小企业因扩建厂房，购入土地使用权，以银行存款支付价款为300 000元。请根据资料编制相关会计分录。

3. 某小企业 2005 年 6 月 30 日将拥有的一项非专利技术出售，取得收入 400 000 元，应交的营业税为 20 000 元。该专利权的账面余额为 340 000 元。请根据资料编制相关会计分录。

4. 某小企业在筹建期间发生人员工资、培训费、注册登记费等长期待摊费用 80 000 元，该企业于 2008 年 1 月 1 日开始生产经营。请根据资料编制相关会计分录。

第八章　流 动 负 债

一、名词解释

1. 短期借款

2. 应付账款

3. 应付工资

4. 应交税金

5. 应交增值税

二、填空题

1. 企业对短期借款利息的处理，一般采用__________的方法；如果企业每月支付的利息或每次支付的利息金额较少，也可以于实际支付时直接计入__________。

2. 应付账款__________的确定，应以__________所有权的转移或承受劳务发生为标志。

3. 应付账款一般在较短期限内支付，有时由于债权单位撤销或其他原因，使企业无法支付某笔应付款项。这笔无法支付的__________，作为__________处理。

4. 应付票据是企业__________、商品和接受劳务供应等而开出、承兑的__________。

5. 预收账款是买卖双方按合同商定，由购货方__________一部分货款给__________而产生的负债。

三、判断题

1. 商业汇票根据承兑人不同，可分为商业承兑汇票和银行承兑汇票。 ( )

2. 预收账款需要企业在一定时期内，以交付产品或提供劳务来加以偿还。待企业按照合同交货或提供劳务后，预收款收入才能转为营业收入，债务才得以清偿。 ( )

3. 其他应付款是指企业除应付账款、应付票据之外，发生的应收、暂付其他单位或个人的款项。 ( )

4. 应付利润的核算要求是：按规定的利润分配顺序、分配方案分配利润；正确计算应支付给债权人的利润。 ( )

5. 企业按规定预提计入本期成本费用的各项支出，应借记“制造费用”、“管理费用”、“财务费用”等科目，贷记“预提费

用”科目。　（　）

6. 应付工资是企业使用职工的知识、技能、时间和精力而给予职工的一种补偿。　（　）

7. 应付福利费采用计提的方法核算，应付福利费属于负债，改按实际支付直接列支的方法核算，福利费则属于成本费用的范畴。　（　）

8. 增值税的纳税人是在我国境内销售货物、进口货物，或提供加工、修理修配劳务的单位和个人。　（　）

9. 一般纳税企业应纳增值税额，根据当期销项税额减去当期进项税额计算确定。　（　）

10. 一般纳税人企业购进免税农业产品，按购入农业产品的买价和规定的扣除率计算进项税额。　（　）

四、单项选择题

1. 为了总括反映和监督短期借款的取得和归还情况，小企业应设置“(　　)”总账账户，进行总分类核算。

A. 短期借款　B. 长期借款　C. 应付账款　D. 其他应付款

2. 商业汇票的承兑期限一般为 3～6 个月，最长不超过(　)。

A. 6个月　B. 1个月　C. 2个月　D. 3个月

3. 应付利润是指企业按规定从税后利润中计算确定的应分配给(　　)的利润（含现金股利)。

A. 债权人　B. 债务人　C. 受益者　D. 所有者

4. 企业应按照(　　)的规定，根据考勤记录、工时记录、工资标准等编制“工资单”计算工资。

A. 财务制度　　B. 管理制度

C. 劳动工资制度　　D. 审批制度

5. 企业交纳的( )、耕地占用税等，不通过“应交税金”科目核算。

A. 增值税 B. 印花税 C. 营业税 D. 所得税

6. 月份终了，企业应将“应交增值税”明细科目的贷方余额转入“( )”明细科目。

A. 转出未交增值税 B. 销项税额

C. 进项税额 D. 未交增值税

7. 未实行“免、抵、退”办法的企业，物资出口销售时，对没有进出口经营权的生产企业委托外贸代理出口货物，一律在委托方退（免）税，采取“( )”的办法计算退税。

A. 先征后退 B. 即征即退 C. 先抵后征 D. 先征后抵

8. 增值税小规模纳税企业购入货物无论是否取得增值税专用发票，其支付的增值税税额都不能计入( )，不得从销项税额中抵扣，而应计入所购货物的成本。

A. 销项税额 B. 进项税额转出

C. 进项税额 D. 减免税款

9. 消费税是指国家对在我国境内生产、委托加工和进口( )的单位和个人，按其流转额征收的一种税。

A. 应税消费品 B. 应税商品 C. 应税产品 D. 应税物资

10. 营业税是对在我国境内提供应税劳务、转让( )或销售不动产的单位和个人征收的一种税。

A. 固定资产 B. 无形资产 C. 流动资产 D. 其他资产

五、多项选择题

1. 企业短期借款的核算内容主要包括短期借款的( )。

A. 取得 B. 利息 C. 偿还 D. 使用

2. 其他应付款具体包括：( )。

A. 应付经营租入固定资产和包装物的租金

B. 职工未按期领取的工资

C. 存入保证金

D. 其他暂收、应付款项

3. 在向投资者分配利润前，应先按有关规定，提取有关的(　　)后才能在投资者之间进行分配。

A. 法定盈余公积　　B. 任意盈余公积

C. 资本公积　　D. 实收资本

4. 预提费用是指企业按照规定从成本费用中预先提取但尚未支付的费用，包括预提的(　　)等。

A. 租金　B. 保险费　C. 短期借款利息　D. 管理费用

5. 企业按规定预提计入本期成本费用的各项支出，应借记“(　　)”等科目，贷记“预提费用”科目。

A. 其他应收款　B. 制造费用　C. 管理费用　D. 财务费用

6. 生产、管理部门的人员工资，借记“(　　)”科目，贷记“应付工资”。

A. 生产成本　B. 制造费用　C. 管理费用　D. 待摊费用

7. 应交税金是企业应交纳的各种税金，包括(　　)、资源税、土地增值税、车船使用税、个人所得税等。

A. 增值税　B. 消费税　C. 营业税　D. 所得税

8. 增值税的纳税人是在我国境内(　　)的单位和个人。

A. 销售货物　　B. 进口货物

C. 提供加工、修理修配劳务　　D. 建筑业

9. 企业将自己生产的或委托加工的货物用于(　　)等，应视同销售货物计算应交增值税。

A. 非应税项目　B. 作为投资　C. 在建工程　D. 赠送他人

10. 其他应交款是企业除应交税金、应付利润等以外的其他

各种应交款项，包括应交的(　　)等。

A. 教育费附加　　B. 矿产资源补偿费

C. 住房公积金　　D. 工会经费

六、简答题

1. 简述委托加工应税消费品的核算。

2. 简述营业税的征收范围。

七、实务题

1. 某小企业于2005年6月1日向银行借入500 000元，期限3个月，年利率为12%。按月预提利息，到期一次还本付息。请根据资料编制相关会计分录。

2. 某小企业8月10日，按应交流转税的3%计提教育费附加4 000元；8月30日将该项教育附加上交给税收部门。请根据资料编制相关会计分录。

3. 某小企业向某农场购入免税农产品一批，实际支付的价款为25 000元，规定的扣除率为13%，产品已验收入库，货款已用银行存款支付。请根据资料编制相关会计分录。

4. 某小企业系小规模纳税人，2005年6月8日销售产品一批，开出的发票上注明含税价款为100 000元，增值税征收率为

6%，销货款已收到存入银行；6 月 20 日交纳增值税 5 660.38 元。请根据资料编制相关会计分录。

5. 某小企业 2007 年 10 月份，按照新《企业财务通则》规定以现金支付职工医药费 1 900 元，其中：属于生产工人的 1 100 元，管理人员的 800 元；计提医务、福利人员工资 4 500 元，请根据资料编制相关会计分录。

第九章　长 期 负 债

一、名词解释

1. 长期负债

2. 长期借款

3. 长期应付款

4. 待转资产价值

二、填空题

1. 筹集长期资金的方式主要有两种：一是由投资者投入________（或有股东追加投资，增发新股）；另一种是举借________。

2. 企业的“举债经营”，主要是向______或其他金融机构举借______。

3. 企业借入的各种长期借款，借记“______”科目，贷记“长期借款”科目，归还时，借记“______”科目，贷记“银行存款”科目。

4. 企业为购建固定资产而发生的专门借款，在满足借款费用开始资本化的条件时至购建的固定资产达到预定可使用状态前发生的借款费用，可以______，应计入固定资产成本；在固定资产达到预定可使用状态以后发生的，应于发生时计入当期______。

5. 融资租入______，是指实质上转移与固定资产所有权有关的______和报酬的租赁。

三、判断题

1. 融资租入固定资产应付款不属于长期负债。 （ ）

2. 长期负债利息是企业必须定期支付的固定费用。（ ）

3. 综合考虑举债经营的优点与不足，企业应进行合理的财务决策，适度举债。 （ ）

4. 关于《公司法》施行后有关企业财务处理问题的通知（财企［2006］第67号文件）规定，从2006年1月1日起，企业不再提取公益金。 （ ）

5. 长期负债应当以实际发生额入账。并应当按照负债本金及确定的利率按期计提利息。 （ ）

6. 如果固定资产的购建活动发生非正常中断，并且中断时间连续超过6个月，应当暂停借款费用的资本化，将其确认为当期费用，直至资产的购建活动重新开始。 （ ）

7. 所购建的固定资产达到预定可使用状态，是指资产已经

达到购买方或建造方预定的可使用状态。 ( )

8. 如果接受捐赠待转的资产价值部分计入当期应纳税所得额，按接受捐赠待转的资产价值与现行所得税税率计算的应交所得税。 ( )

9. 如果接受捐赠的非货币性资产金额较大，经批准可以在规定期限内分期平均计入各年度应纳税所得额的。 ( )

10. 各期计算交纳所得税时，按当期计入应纳税所得额的待转捐赠非货币性资产价值与现行所得税税率计算应交所得税，或按当期应计入应纳税所得额的待转捐赠非货币性资产价值在抵减当期亏损后的余额与现行所得税税率计算应交所得税金额。 ( )

四、单项选择题

1. 将于1年内到期的长期负债，在资产负债表中应当作为一项( )，单独反映。

A. 流动负债 B. 长期负债 C. 流动资产 D. 固定资产

2. 企业筹集的长期借款，按其偿还方式可分为( )和分期偿还的长期借款。

A. 不定期偿还 B. 一次偿还 C. 定期偿还 D. 多期偿还

3. 按长期借款的币种可分为( )和外币借款。

A. 世行借款 B. 人民币借款 C. 短期借款 D. 长期借款

4. 为了反映和监督小企业长期借款的借入和归还情况，以及借款费用的发生和支付情况，应设置“长期借款”总账账户，进行( )。

A. 总分类核算 B. 明细分类核算

C. 单独核算 D. 合并核算

5. 企业为购建固定资产而发生( )的，在满足借款费用开始资本化的条件时至购建的固定资产达到预定可使用状态前发生的借款费用，可以资本化，应计入固定资产成本。

A. 专项借款　B. 流动借款　C. 银行借款　D. 专门借款

6. 专门借款发生的借款费用，属于与固定资产购建有关的借款费用，在符合开始资本化的条件时至固定资产达到预定可使用状态前发生的，计入(　　)成本。

A. 无形资产　B. 长期资产　C. 其他资产　D. 固定资产

7. 融资租入固定资产，是指实质上转移与固定资产所有权有关的全部风险和报酬的租赁。其所有权最终(　　)，也可能不转移。

A. 一定转移　B. 可能转移　C. 必须转移　D. 无法转移

8. 增值税一般纳税人取得的非货币性资产捐赠，按规定如涉及可抵扣的增值税进项税额的，应按可抵扣的赠值税(　　)，借记“应交税金——应交增值税（进项税额)”科目。

A. 进项税额　B. 销项税额　C. 已交税额　D. 减免税款

五、多项选择题

1. 长期负债除具有负债的共同特征外，与流动负债相比，还具有(　　)等特点。

A. 债务金额大　B. 偿还期限长

C. 可以分期偿还　D. 变现能力强

2. 企业为了满足生产经营的需要，特别是为了拓展企业的经营规模，有必要(　　)等。

A. 购建楼、堂、馆、所　B. 购置大型机械设备

C. 地产　D. 增建或扩建厂房

3. 根据筹措方式的不同，长期负债主要包括(　　)及待转资产价值。

A. 长期借款　B. 长期应付款　C. 短期借款　D. 应付账款

4. 借款费用开始资本化的条件是指同时满足以下三个条件：(　　)。

A. 资产支出已经发生

B. 借款费用已经发生

C. 固定资产达到预定可使用状态所必要的购建活动已开始

D. 建设规划已审批

5. 融资租入固定资产的入账价值，是指在租赁开始日，按租赁协议或者合同确定的(　　)以及融资租入固定资产达到预定可使用状态前发生的利息支出和汇兑损益等。

A. 价款　B. 运输费　C. 途中保险费　D. 安装调试费

六、简答题

1. 如何判断购建的固定资产是否达到预定可使用状态？

2. 待转资产价值期末如何结转？

七、实务题

1. 某小企业于2005年1月1日向银行借入期限为2年的借款500 000元，年利率为10%，每年计息一次，单利计算，到期一次还本付息。该借款从借款日起全部用于购建一栋厂房，假定该工程当年末完工交付使用并办妥竣工决算手续，工程成本为550 000元。请根据资料编制相关会计分录。

2. 某小企业从A租赁公司融资租入一台生产用固定资产，按照协议规定，租赁价款为640 000元，同时，企业支付了设备运输费、保险费及安装调试费等费用共20 000元，租赁期限为5年，每年年初支付租赁费128 000元，租赁期满后，租赁资产的所有权归承租方所有。该租入资产直接按应支付的租赁价款入账，假设资产净残值为0，折旧年限为5年。请根据资料编制相关会计分录。

3. 某小企业接受外单位捐赠不需要安装的设备一台，同类设备市场价格为 2 000 000 元。该企业经主管税务机关批准按 5 年平均计入应税所得，且该企业当年亏损 200 000 元，所得税税率为 25%。请根据资料编制相关会计分录。

第十章　所有者权益

一、名词解释

1. 所有者权益

2. 实收资本

3. 资本公积

4. 资本溢价

5. 留存收益

二、填空题

1. 所有者权益和负债都表现为对企业资产的________，都是企业投资者的______，是企业资金来源的两个重要渠道。

2. 负债是指债权人对企业总资产的________，而所有者权益是所有者对__________扣除负债后的剩余资产的要求权。

3.《企业法人登记管理条例》规定，企业________，必须具备符合国家规定并与其__________和服务规模相适应的资金数额。

4. 企业收到投资者以现金投入的资本时，应当以________的或存入企业__________的金额作为实收资本入账。

5. 在企业刚成立时，投资者实际投入企业的__________与注册资本一致，不会产生__________。

三、判断题

1. 所有者则可按投资比例享有利润分配权，但不能取得利息，风险大。（ ）

2. 所有者权益作为对企业资产扣除负债后剩余资产的要求权，在企业清算时索偿权的权利位于债权人之前。（ ）

3. 投入资本还可以进一步划分为实收资本和资本公积。（ ）

4. 我国目前实行的是注册资本制度，要求企业的实收资本与其注册资本一致。（ ）

5. 投资者向企业投入的资本，在企业持续经营期间内，除依法转让外，可以以任何形式抽回。（ ）

6. 根据我国公司法等法律的规定，资本公积的用途主要是用来转增资本。（ ）

7. 在企业重组并有新的投资者加入时，为了维护原有投资者的权益，新加入投资者的出资额，并不全部作为实收资本处理。 ( )

8. 接受捐赠非现金资产准备是指企业因接受非现金资产捐赠而增加的资本公积。 ( )

9. 外币资本折算差额是指企业因接受外币投资所采用的汇率相同而产生的资本折算差额。 ( )

10. 其他资本公积是指除上述3项资本公积以外所形成的资本公积，以及从资本公积准备项目转入的金额，如接受货币性资产，债权人豁免的债务等。 ( )

四、单项选择题

1. 债权人与企业只有债权债务关系，无权参与( )。

A. 企业管理 B. 财务管理 C. 生产管理 D. 计划管理

2. 新《公司法》规定，有限责任公司的( )最低限额，不得少于3万元。

A. 实收资本 B. 投资资本 C. 出资资本 D. 注册资本

3. 对于实际收到或存入企业开户银行的金额超过投资者在企业注册资本中所占份额的部分，应当计入( )。

A. 实收资本 B. 资本公积 C. 盈余公积 D. 未分配利润

4. 小企业接受外币投资时，收到的外币资产应作为资产登记入账，同时，对接受的外币资产投资应作为( )的投入，增加实收资本。

A. 债权人 B. 债务人 C. 投资者 D. 所有者

5.《小企业会计制度》规定，我国企业的会计核算以人民币为记账本位币，在收到外币资产时需要将外币资产价值折合为( )记账。

A. 外币 B. 人民币 C. 美元 D. 日元

6. 盈余公积是指企业按照规定从(　　)，弥补应在税后利润弥补的以前年度亏损后的金额中提取的公积金。

A. 税后利润 B. 会计利润 C. 净利润 D. 销售利润

7. 企业发生亏损后，经股东大会批准，可以用提取的盈余公积(　)。

A. 发生亏损 B. 累计亏损 C. 弥补亏损 D. 净亏损

8. 经股东大会批准，企业的盈余公积可以(　　)。在用法定盈余公积转增资本时，转增后留存的盈余公积数额不得少于注册资本的25%。

A. 实收资本 B. 投入资本 C. 固定资本 D. 转增资本

9. 小企业经董事会或类似机构决议，用盈余公积弥补亏损时，借记“(　　)”科目，贷记“利润分配——其他转入”科目。

A. 资本公积　　B. 盈余公积
C. 其他资本公积　　D. 实收资本

10. 未分配利润是指企业(　　)，未作分配的净利润。

A. 历年结存 B. 累计结存 C. 本期结存 D. 本年结存

五、多项选择题

1. 所有者权益是指企业所有者对企业净资产的所有权，其内容包括企业投资人对企业投入的资本以及通过多种渠道形成的(　　)。

A. 资本公积 B. 盈余公积 C. 未分配利润 D. 应交税金

2. 按投资者不同，实收资本可分为(　　)。

A. 国家投资 B. 法人投资 C. 个人投资 D. 外商投资

3. 投资者投入资本的方式可以有多种，可以用现金投资，也可以用非现金资产如(　　)等投资。

A. 债务　B. 存货　C. 固定资产　D. 无形资产

4. 一般企业增加资本有三种途径：(　　)。

A. 接受投资者新投入实现增资

B. 资本公积转增资本

C. 盈余公积转增资本

D. 投资者抽回资本

5. “资本公积”科目下应设置资本溢价、(　　)明细科目进行明细分类核算。

A. 未分配利润　　B. 接受捐赠非现金资产准备

C. 外币资本折算差额　　D. 其他资本公积

6. 盈余公积按其提取方法可分为两种，即(　　)。

A. 资本溢价　　B. 法定盈余公积

C. 任意盈余公积　　D. 外币资本折算差额

7. 企业的法定盈余公积和任意盈余公积的用途有三项：(　　)。

A. 弥补亏损　B. 转增资本　C. 分配利润　D. 发放工资

六、简答题

1. 所有者权益与负债有什么区别?

2. 小企业接受外币投资的汇率折合如何处理?

七、实务题

1. 某小企业收到投资者投入的不需要安装的设备一套，该设备的账面原值为400 000元，已提折旧150 000元，双方确认的价值为200 000元，发生运输费3 000元。请根据资料编制相关会计分录。

2. 某小企业收到外方投资300 000美元，收到外币款项时的市场汇率为1:8.25。投资合同规定的汇率为1:8。请根据资料编制相关会计分录。

3. 某小企业于2005年年末按规定从税后利润中提取法定盈余公积200 000元，任意盈余公积100 000元。请根据资料编制相关会计分录。

第十一章 收入、费用和利润

一、名词解释

1. 收入

2. 分期收款销售

3. 销售退回

4. 费用

5. 利润

二、填空题

1. 收入是从企业的________中产生，而不是从偶发的交易或事项中产生的，如企业________、提供劳务的收入等。

2. 按企业________的主次划分，收入可分为________和其他业务收入。

3. 收入能否________，是确认收入的________，收入不能可靠计量则无法确认收入。

4. 按照费用与收入的关系，费用可分为________和________。

5. 年终，将本年收入和支出相抵后结出的本年实现的________，转入“________”科目，借记“本年利润”科目，贷记“利润分配——未分配利润”科目。

三、判断题

1. 收入可能表现为企业资产的增加，也可能表现为企业负债的减少，或者二者兼而有之。 ( )

2. 主营业务收入是指企业营业执照上注明的主营业务所取得的收入。 ( )

3. 代销是指企业委托受托方代理销售商品。 ( )

4. 收取手续费代销方式下，受托方必须按照委托方或合同协议中规定的价格销售，可以自行改变售价。 ( )

5. 企业出租无形资产所取得的租金收入，借记“银行存款”等科目，贷记“其他业务收入”科目。 ( )

6. 完工百分比法是指按照劳务的完成程度确认收入和费用的方法。 ( )

7. 劳务总成本是指至资产负债表日已发生的成本和完成整

个劳务还需发生的成本之差。（ ）

8. 营业成本按照所销售商品或者所提供劳务在企业日常活动中所处的地位不同，可分为主营业务成本和其他业务成本。（ ）

9. 利润总额，是指营业利润加上投资收益和营业外收入，加上营业外支出后的金额。（ ）

10. 会计制度和税收法规两者的目的不同，对收益、费用、资产、负债等的确认时间和范围也不同，从而导致时间性差异和永久性差异。（ ）

四、单项选择题

1. 收入只包括本企业经济利益的流入，而不包括为第三方或客户代收的款项，如（ ）、代收利息等。

A. 增值税 B. 营业税 C. 消费税 D. 教育费附加

2. 商品流通企业的主营业务收入是（ ）所取得的收入。

A. 转让无形资产 B. 出售材料

C. 销售商品 D. 处置固定资产

3. 企业销售商品取得收入应按（ ）或应收的价款入账。

A. 计划收到 B. 实际收到 C. 可能收到 D. 无法收到

4. 代销按货款结算方式的不同，可分为（ ）和收取手续费两种。

A. 视同买断 B. 视同购进 C. 视同销售 D. 代理商

5. 主营业务成本是指企业（ ）、提供劳务等的实际成本。

A. 购进商品 B. 销售商品 C. 领用商品 D. 运输商品

6. 月份终了，企业应根据本月销售各种商品、提供各种劳务等的实际成本，计算结转（ ）。

A. 其他业务成本 B. 主营业务成本

C. 生产成本　　　　　　　　D. 制造成本

7. 企业发生的行政管理部门人员的工资及福利费，借记“(　　)”科目，贷记“应付工资”、“银行存款”、“现金”等科目。

A. 财务费用　B. 营业费用　C. 管理费用　D. 制造费用

8. 利润总额，是指营业利润加上(　　)和营业外收入，减去营业外支出后的金额。

A. 投资收益　B. 现金股利　C. 债券利息　D. 应收股息

9. 企业在清查财产过程中，对于查明的固定资产盘盈，按确定的价值，借记“固定资产”科目，贷记“(　)”科目。

A. 营业外收入　　　　　　　B. 其他业务收入

C. 主营业务收入　　　　　　D. 投资收益

10. 企业购买的国债利息收入不计入(　　)，不交纳所得税。

A. 会计利润　　　　　　　　B. 应交所得税

C. 利润总额　　　　　　　　D. 应纳税所得额

五、多项选择题

1. 工业性企业的主营业务收入是(　　)，提供工业性劳务等所取得的收入。

A. 销售商品　B. 自制半成品　C. 代制品　D. 代修品

2. 旅游企业的主营业务收入主要包括(　　)等。

A. 客房收入　B. 餐饮收入　C. 利息收入　D. 租赁收入

3. 其他业务收入主要包括(　　)取得的收入等。

A. 销售商品　　　　　　　　B. 无形资产出租

C. 包装物出租　　　　　　　D. 销售材料

4. 企业可以根据具体情况，采用(　　)和个别计价法等方法，确定销售商品等的实际成本。

A. 先进先出法　　B. 加权平均法

C. 移动平均法　　D. 备抵法

5. 分期收款销售具有销售商品的(　　)等特点。

A. 周转快　　B. 价值较大

C. 收款期较长　　D. 收取货款的风险较大

6. 劳务的完成程度可采用以下方法确定：(　　)。

A. 已完工作量的测定

B. 已经提供的劳务占应提供劳务总量的比例

C. 已经发生的成本占估计总成本的比例

D. 由专业测量师采用相关方法进行测量

7. 特殊的劳务收入包括(　　)、特许权费收入、订制软件收入、定期收费等。

A. 安装费收入

B. 广告费收入

C. 入场费收入

D. 申请入会费收入和会员费收入

8. 企业的期间费用包括(　　)。

A. 管理费用　B. 营业费用　C. 财务费用　D. 制造费用

9. 企业在销售商品过程中，发生的(　　)，借记“营业费用”科目，贷记“现金”、“银行存款”科目。

A. 运输费　B. 装卸费　C. 包装费　D. 保险费和广告费

10. 财务费用，是指企业为筹集生产经营资金等而发生的费用，包括(　　)等。

A. 利息支出　B. 汇兑损失　C. 相关的手续费　D. 税金

六、简答题

1. 收入的特点是什么？

2. 商品销售收入确认的条件是什么？

七、实务题

1. 2005 年 6 月 1 日，某小企业销售给 B 公司一批电器，增值税专用发票上注明售价 300 000 元，增值税销项税额为 51 000 元，款项收到存入银行。假设符合收入确认条件，请编制相关会计分录。

2. 某小企业 2005 年 6 月 1 日，采用分期收款方式销售商品一批，售价 200 000 元，增值税税率为 17%，实际成本 120 000 元。协议约定买方分 2 年等额付款，付款日为当年 6 月 1 日。请根据资料编制相关会计分录。

3. 假设某小企业 12 月末：“主营业务收入”科目余额为 250 000元，“其他业务收入”科目余额为 100 000 元，“营业外收入”科目余额为 50 000 元，“投资收益”科目余额为 5 000 元。“主营业务成本”科目余额为 180 000 元，“其他业务支出”科目余额为 80 000 元，“管理费用”科目余额为 20 000 元，“营业费用”科目余额为 20 000 元，“财务费用”科目余额为 15 000 元，“营业外支出”科目余额为 40 000 元，该企业适用 25% 的所得税率，年末若有利润，企业将按实现税后利润的 10% 提取法定盈余公积金，按企业章程规定的 8% 的比例提取任意盈余公积，应向投资者分配利润 5 000 元。请根据资料编制相关会计分录。

4. 某小企业 2008 年发生其他捐赠支出为 30 000 元；另外，该企业固定资产折旧采用直线法，本年折旧额为 80 000 元，按照税法规定采用年数总和法，本年折旧为 100 000 元；年末该企业利润表上反映的税前会计利润为 500 000 元，适用的所得税税率为 25%。试计算该企业 2005 年应交所得税和所得税费用并编制相关的会计分录。

第十二章　债 务 重 组

一、名词解释

1. 债务重组

2. 债务重组日

3. 债务转为资本

4. 账面余额

5. 账面价值

二、填空题

1. 债务重组是指在债务人发生________的情况下，债权人按照其与债务人达成的协议或法院的裁定作出让步的________。

2. 修改其他债务条件，是指延长________、延长债务偿还期限并________、延长债务偿还期限并减少债务本金或债务利息等。

3. 企业因债务重组转出的存货，应同时结转已计提的________，但不冲减当期的管理费用。如果存货按类别计提存货跌价准备，也应按比例结转相应的________。

4. 以非现金资产清偿债务的，债务人应当将重组债务的账面价值与转让的非现金资产________之间的差额计入当期损益，将转让的非现金资产公允价值与其________之间的差额计入当期损益。

5. 以修改其他债务条件清偿债务，债务人应按________的账面余额，借记“应付账款”、“应付票据”等科目，按修改债务条件后债务的________，贷记“应付账款”、“应付票据”等科目，按照借贷双方之间差额，借记“营业外支出——债务重组损失”科目或贷记“营业外收入——债务重组收入”科目。

三、判断题

1. 债权人，可以通过法律诉讼程序，要求债务人偿还债务；也可以通过协商，债权人作出些让步，使债务人减轻负担，渡过难关。（　）

2. 以非现金资产清偿债务的，债权人应当对受让的非现金资产按其公允价值入账，重组债权的账面价值与受让的非现金资产的公允价值之间的差额，计入当期损益。（　）

3. 以短期投资清偿债务，债权人应按重组债权的公允价值加上应支付的相关税费，借记“短期投资”科目。（ ）

4. 以长期投资清偿债务，债权人作为长期股权投资管理的，债务人应按重组债权的公允价值加上应支付的相关税费，借记“长期股权投资”科目。（ ）

5. 以修改其他债务条件清偿债务，债务人应按重组债务的账面余额，借记“应付账款”、“应付票据”等科目，按修改债务条件后债务的公允价值，贷记“应付账款”、“应付票据”等科目，按照借贷双方之间差额，借记“营业外支出——债务重组损失”科目或贷记“营业外收入——债务重组收入”科目。（ ）

四、单项选择题

1. 债务人以低于债务账面价值的现金清偿债务时，债务人应按重组债务的账面价值，借记“应付账款”、“（ ）”等科目。

A. 应付票据　B. 应收票据
C. 其他应付款　D. 其他应收款

2. 以非现金资产清偿债务，是指债务人转让其非现金资产给债权人以清偿债务，债务人常用于偿债的资产有（ ）、短期投资、固定资产、长期投资、无形资产等。

A. 存货　B. 材料　C. 库存商品　D. 包装物

3. 债务人以固定资产、无形资产清偿债务，债权人作为固定资产、无形资产管理的，债权人应按受让的固定资产、无形资产公允价值加上应支付的相关税费，借记“（ ）”、“无形资产”等科目。

A. 流动资产　B. 其他资产　C. 固定资产　D. 长期资产

4. 以债务转为资本清偿债务，债务人应按重组债务的账面余额，借记“(　　)”、“应付票据”等科目。

A. 应收账款　　B. 应付账款

C. 其他应收款　　D. 其他应付款

5. 修改其他债务条件清偿债务，债权人应当按照重组后债权的(　　)，借记“应收账款”、“应收票据”等科目。

A. 账面价值　B. 账面余额　C. 估计价值　D. 公允价值

五、简答题

债务重组的方式有哪些？

六、实务题

1. 某小企业为增值税一般纳税人，适用17%的增值税税率。2007年2月1日，该企业销售给华龙公司一批商品，商品价款为400 000元，增值税销项税额68 000元，共计468 000元，货款未付。华龙公司发生财务困难，无法按合同支付货款，经双方协商，该企业同意减免华龙公司50 000元债务，剩余金额以现金偿付。2007年8月8日，华龙公司支付了该企业剩余债务，该企业对债权计提了10 000元坏账准备。请根据资料编制相关会计分录。

2. 某小企业应收华龙公司的销货款为280 000元。由于华龙公司暂时出现财务困难，无法如期归还货款，经协商，该企业允许华龙公司以其一批甲商品抵偿债务。该批商品的成本为170 000元，计税价格（等于公允价值）为220 000元，适用的增值税税率为17%。华龙公司为该批库存商品计提存货跌价准备5 000元；假设债务重组过程中没有发生相关税费。请根据资料编制相关会计分录。

3. 某小企业因销售商品应收华龙公司货款340 000元。华龙公司因遭意外事故，不能按时偿还债务，经协商，华龙公司以其债务转为资本进行债务重组。该企业因此获得华龙公司普通股票30 000股，每股面值1元，每股市场价10元。假设在整个交易中未发生相关税费。请根据资料编制相关会计分录。

4. 某小企业应收华龙公司销货款 500 000 元，华龙公司因资金困难不能如期支付。经协商，该企业同意华龙公司延期 10 个月支付该项销货款，并减免本金 10 000 元，延长期间不计算利息，该企业已计提了 5 000 元的坏账准备。请根据资料编制相关会计分录。

第十三章　非货币性资产交换

一、名词解释

1. 非货币性资产交换

2. 货币性资产

3. 非货币性资产

4. 公允价值

5. 多项非货币资产交换

二、填空题

1. 非货币性资产交换________着不涉及任何货币性资产。如果只涉及少量的________，则仍属于非货币性资产交换。

2. 如果非货币性资产交换不具有商业实质，没有涉及________，则以换出资产的账面价值，加上应支付的________作为换入资产的入账价值，不确认非货币性资产交换损益。

3. 企业发生的非货币性资产交换，如果________，应区分支付补价与________，分别进行会计处理。

4. 企业发生的非货币性资产交换不具有商业实质的，如果涉及补价，________的，以换出资产的账面价值，________及应支付的相关税费，作为换入资产的入账价值。

5. 单项非货币性资产相交换有多种方式，如________相交换、存货与________相交换、固定资产与无形资产相交换等。

三、判断题

1. 非货币性资产交换，是指交易双方以货币性资产进行的交换。 ( )

2. 非货币性资产交换也可能涉及少量的货币性资产。 ( )

3. 如果支付的货币性资产占换入资产公允价值的比例（或占换出资产公允价值与支付的货币性资产之和的比例）≥25%，则视为非货币性资产交换。 ( )

4. 企业发生的非货币性资产交换不具有商业实质，如果不涉及补价，换入资产入账价值，用公式表示为：换入资产入账价值＝换出资产账面价值＋应支付的相关税费。 ( )

5. 如果具有商业实质的非货币性资产交换涉及多项资产，

在进行会计处理时，其会计处理原则与单项资产的会计处理原则基本相同，唯一区别是需要按换入各项资产的公允价值与换入资产公允价值总额的比例，对换出资产的账面价值总额与应支付的相关税费之和进行分配，以确定各项换入资产的入账价值。（　）

6. 企业发生的非货币性资产交换不具有商业实质，如果涉及补价，换入资产的入账价值。用公式表示为：换入资产入账价值=换出资产账面价值+补价+应支付的相关税费。（　）

7. 在换入资产入账价值的计算公式中，换出资产应支付的税费包括应交的增值税和所得税。（　）

8. 企业如果以固定资产与固定资产相交换，收到补价的，应按换出固定资产的账面净值，借记“固定资产清理”科目。（　）

9. 具有商业实质的非货币性资产交换，支付补价的，基本原则是按换入各项资产的公允价值占换入资产公允价值总额的比例，对换出资产账面价值总额与补价和应支付的相关税费之和进行分配，以确定各项换入资产的入账价值。（　）

10. 多项非货币性资产交换不具有商业实质，换入资产入账价值总额的计算公式为：换入资产入账价值总额=换出资产账面价值总额±补价+应支付的相关税费。（　）

四、单项选择题

1. 公允价值，是指在公平交易中，熟悉情况的交易双方，（　）资产交换或债务清偿的金额。

A. 自愿进行　B. 指令进行　C. 被动进行　D. 被迫进行

2. 非货币性资产交换，如果该资产存在活跃市场，则该资产的（　）即为其公允价值。

A. 计划价 B. 成本价 C. 销售价 D. 市价

3. 如果该资产和与该资产类似的资产均不存在活跃市场，则该资产的公允价值可按其所能产生的未来( )以适当的折现率折现计算的现值评估确定。

A. 现金流出 B. 现金流量

C. 现金流入 D. 现金流量净额

4. 非货币性资产交换，如果只涉及少量的( )，支付的货币性资产占换入资产公允价值的比例不高于25%，则仍属于非货币性资产交换。

A. 货币性资产 B. 非货币性资产

C. 无形资产 D. 固定资产

5. 如果支付的货币性资产占( )公允价值的比例高于25%，则视为货币性交易，应根据货币性交易的核算原则进行会计处理。

A. 换入资产 B. 换出资产

C. 货币性资产 D. 非货币性资产

五、多项选择题

1. 非货币性资产交换的特点有( )。

A. 非货币性资产交换的交易对象主要是非货币性资产

B. 非货币性资产交换是一种交换行为

C. 非货币性资产交换也可能涉及少量的货币性资产

D. 支付的货币性资产占换入资产公允价值的比例高于25%

2. 非货币性资产，是指货币性资产以外的资产，包括( )以及不准备持有至到期的债券投资。

A. 存货 B. 固定资产 C. 无形资产 D. 股权投资

3. 单项非货币性资产交换具体又分为( )、以存货与投资交换、以存货与固定资产交换、以存货与无形资产交换、以投资与固定资产交换、以投资与无形资产交换、以固定资产与无形资产交换等几种情况，应分别进行会计处理。

A. 以存货与存货交换

B. 以投资与投资交换

C. 以固定资产与固定资产交换

D. 以无形资产与无形资产交换

4. 企业发生的非货币性资产交换，有时可能涉及多项资产就是(　　)。

A. 以一项非货币性资产同时换入多项非货币性资产

B. 同时以多项非货币性资产换入一项非货币性资产

C. 以多项非货币性资产同时换入多项非货币性资产

D. 以一项非货币性资产同时换入一项非货币性资产

5. 企业发生的非货币性资产交换，如果涉及补价，应区分(　　)，分别进行会计处理。

A. 支付补价　B. 收到补价　C. 市场价　D. 计划价

六、简答题

1. 非货币性资产交换的判断标准是什么?

2. 非货币性资产交换核算的一般原则是什么?

七、实务题

1. 某小企业为调整经营结构，决定以库存 A 材料交换华龙公司的一台机器设备。库存 A 材料的成本为 230 000 元，计税价格为 280 000 元，适用的增值税税率为 17%；机器设备的账面原价为 240 000 元，已计提折旧 20 000 元。假设该企业对材料计提存货跌价准备 5 000 元，整个交易过程中没有发生其他相关税费，该项非货币性资产交换不具有商业实质。请根据资料编制相关会计分录。

2. 某小企业以库存两辆现代轿车和所持有的对A公司的长期股权投资交换华龙公司持有的短期投资（股票）和一台机器设备。现代轿车的账面余额为480 000元，公允价值（等于计税价格）为600 000元，适用的增值税税率为17%；长期股权投资的账面余额为150 000元，公允价值180 000元；短期投资账面余额为380 000元，公允价值410 000元；机器设备的账面原价为390 000元，已计提的累计折旧为110 000元，公允价值280 000元。另外华龙公司向小企业以银行存款支付补价20 000元。假设两个企业均未计提跌价准备，整个交易过程中没有发生除增值税以外的其他相关税费，非货币性资产交换具有商业实质。请根据资料编制相关会计分录。

第十四章　财务会计报告

一、名词解释

1. 财务会计报告

2. 资产负债表

3. 利润表

4. 现金流量表

5. 分析填列法

二、填空题

1. 小企业的财务会计报表，主要包括资产负债表、利润表两个________，年度财务报表由基本会计报表和________构成。现金流量表由企业根据需要选择提供。

2. 企业不得违反规定，________财务会计报表的编制基础、编制依据、编制原则和方法，不得随意改变《小企业会计制度》规定的财务会计报表有关数据的________。

3. 资产负债表的编制是以日常________记录的数据为基础________、整理和汇总，加工成报表项目的过程。

4. 资产负债表中“年初数”栏内各________，应根据________资产负债表“期末数”栏内所列数字填列。

5. 如果本年度资产负债表规定的各个项目的名称和内容同上年不一致，应对上年年末资产负债表各项目的名称和数字按照本年度的规定________，按调整后的数字________“年初数”栏内。

三、判断题

1. “货币资金”项目，反映小企业库存现金、银行存款和其他货币资金的合计数。（　）

2. “应收股息”项目，反映小企业因进行股权投资和债权投资应收取的现金股利和利息，应收其他单位的利润，也包括在本项目。（　）

3. 如果“应收账款”科目所属明细科目期末有贷方余额，应在资产负债表中增设“预付账款”科目填列。（　）

4. 材料采用计划成本核算，以及库存商品采用计划成本或售价核算的小企业，应按加或减材料成本差异、商品进销差价后

的金额填列。（ ）

5．“长期股权投资”项目，反映小企业不准备在1年内（不含1年）变现的各种股权性质投资的账面余额。（ ）

6．“长期债权投资”项目，反映小企业不准备在1年内（含1年）变现的各种债权性质投资的账面余额。（ ）

7．“长期待摊费用”项目，反映小企业尚未摊销的摊销期限在1年以上（不含1年）的各种费用。（ ）

8．“应付账款”项目，反映小企业销售材料、商品和接受劳务供应等而应付给供应单位的款项。（ ）

9．应交税金”项目，反映小企业期末未交、多交或未抵扣的各种税金。（ ）

10．“其他长期负债”项目，反映小企业除以上长期负债项目以外的其他长期负债，其中包括小企业接受捐赠记入“待转资产价值”科目尚未转入资本公积的余额。（ ）

四、单项选择题

1．小企业财务报表按编报的时间划分，分为（ ）和年度报表。

A．月度报表 B．日报表 C．旬报表 D．季度报表

2．小企业资产负债表设有“（ ）”和“期末数”两个栏目，是一种比较资产、负债及所有者权益的报表。

A．年末数 B．年初数 C．期初数 D．累计数

3．“短期投资”项目，应根据“短期投资”科目的（ ），减去“短期投资跌价准备”科目的期末余额后的金额填列。

A．期初余额 B．账面余额 C．账面价值 D．期末余额

4．“实收资本”项目，反映小企业各投资者（ ）的资本总额。

A. 实际投入　B. 计划投入　C. 预计投入　D. 准备投入

5. 小企业利润表采用多步式结构，分为(　　)和补充资料两部分。

A. 正表项目　B. 附表项目　C. 首表项目　D. 次表项目

6. 主营业务利润以主营业务收入为基础，减去为取得主营业务收入而发生的(　　)、税金后得出。

A. 有关成本　B. 历史成本　C. 相关成本　D. 单位成本

7. "主营业务税金及附加"项目，反映小企业主要经营业务应负担的(　　)、消费税、城市维护建设税、资源税、土地增值税和教育费附加等。

A. 增值税　B. 营业税　C. 所得税　D. 个人所得税

8. "营业费用"项目，反映小企业在销售商品和商品流通小企业在(　　)等过程中发生的费用。

A. 销售商品　B. 库存商品　C. 加工商品　D. 购入商品

9. "营业外收入"项目和"营业外支出"科目，反映小企业发生的与其生产经营(　　)的各项收入和支出。

A. 无直接关系　　B. 有直接关系

C. 间直接关系　　D. 连代关系

10. 应交税金中有关增值税的核算在"应交税金"科目下设置了"应交增值税"和"(　　)"两个二级明细科目。

A. 转出未交增值税　　B. 转出多交增值税

C. 进项税额转出　　D. 未交增值税

五、多项选择题

1. 小企业应按照《小企业会计制度》有关财务会计报表的(　　)等要求，对外提供真实、完整的财务会计报表。

A. 编制基础　B. 编制依据　C. 编制原则　D. 编制方法

2.“货币资金”项目，反映小企业库存现金、银行存款和其他货币资金的合计数。应根据“(　　)”科目的期末余额合计填列。

A. 应收账款　B. 现金　C. 银行存款　D. 其他货币资金

3.“存货”项目，反映小企业期末在库、在途和加工中的各项存货的可变现净值，包括各种材料、(　　)、低值易耗品、委托代销商品等。

A. 商品　B. 在产品　C. 半成品　D. 包装物

4.“固定资产清理”项目，反映小企业因(　　)等原因转入清理但尚未清理完毕的固定资产的账面价值，以及固定资产清理过程中所发生的清理费用和变价收入等各项金额的差额。

A. 出售　B. 毁损　C. 报废　D. 提足折旧额

5.“应交税金”项目，反映小企业期末(　　)的各种税金。

A. 已抵扣　B. 未交　C. 多交　D. 未抵扣

6. 小企业利润表采用多步式结构，主要包括以下几个方面：(　　)。

A. 构成主营业务利润的各项要素

B. 构成营业利润的各项要素

C. 构成利润总额的各项要素

D. 构成净利润的各项要素

7. 现金等价物是指小企业持有的(　　)为已知金额现金、价值变动风险很小的投资。

A. 期限短　B. 流动性强　C. 易于转换　D. 具有固定性

8. 现金流量是指一定会计期间小企业现金流入和流出的数量，可以分为(　　)三类。

A. 经营活动产生的现金流量

B. 投资活动产生的现金流量和

C. 筹资活动产生的现金流量

D. 现金净流量

9. 现金流量表的编制方法有(　　)。

A. 专项记录法　　B. 工作底稿法

C. T形账户法　　D. 分析填列法

10. 应交增值税明细表是财务报表的一个附表，只有一般纳税人的小企业需要编制。其表内格式设有“(　　)”两栏。

A. 本月数　B. 本年累计数　C. 本期数　D. 本季数

六、简答题

1. 财务会计报告编报的要求是什么？

2. 利润报表中“本月数”栏编制的要求是什么？

七、实务题

1. 新兴公司为一般纳税人，该公司增值税率为17%，营业税率为5%，所得税率为25%，2008年度发生的经济业务如下：

(1) 采用商业汇票结算方式销售商品一批，售价1 000 000元，增值税销项税额170 000元，实际成本750 000元；销售实现并收到承兑的商业汇票。

(2) 采用银行存款结算方式销售一批商品，售价1 200 000元，增值税销项税额204 000元，实际成本900 000元；款项存入银行。

(3) 提取坏账准备10 000元。

(4) 交纳印花税3 000元。

(5) 支付广告费、展览费等45 000元。

(6) 计提折旧210 000元，其中生产车间折旧160 000元，厂部管理部门折旧50 000元。

(7) 转让无形资产使用权取得收入60 000元，应交营业税3 000元；当年摊销无形资产成本15 000元。

(8) 计提短期借款利息7 000元。

(9) 收到国库券利息收入30 000元（免交所得税）。

(10) 盘亏一批材料，属于自然灾害损失，净损失4 680元，其中材料价款4 000元，增值税进项税额680元，报经批准转销。

(11) 产品销售应交城市维护建设税25 000元，教育费附加15 000元；其他业务应交城市维护建设税200元，教育费附加120元。

(12) 结转销售成本。

（13）将本年损益类科目转入“本年利润”科目。

（14）计算所得税。

要求：根据上述业务，编制会计分录并填列利润表（表1）。

表1 **利润表** 会小企02表

编制单位：新兴公司 2008年12月 单位：元

项目	行次	本月数（略）	本年累计数
一、主营业务收入	1		
减：主营业务成本	4		
主营业务税金及附加	5		
二、主营业务利润（亏损以“-”号填列）	10		
加：其他业务利润（亏损以“-”号填列）	11		
减：营业费用	14		
管理费用	15		
财务费用	16		
三、营业利润（亏损以“-”号填列）	18		
加：投资收益（损失以“-”号填列）	19		
营业外收入	23		
减：营业外支出	25		
四、利润总额（亏损总额以“-”号填列）	27		
减：所得税	28		
五、净利润（净亏损以“-”号填列）	30		

2. 某小企业系增值税一般纳税人，2008年1月份应交增值税明细账如表2所示。

表 2 **应交增值税明细账**

编制单位：某小企业 2008 年 1 月 31 日 单位：元

项 目	行次	本月数	本年累计数
一、应交增值税：			
1. 年初未抵扣数（以“-”号填列）	1		-180 000
2. 销项税额	2	580 000	580 000
出口退税	3	100 000	100 000
进项税额转出	4	50 000	50 000
转出多交增值税	5		
	6		
	7		
3. 进项税额	8	400 000	400 000
已交税金	9	50 000	50 000
减免税款	10		
出口抵减内销产品应纳税额	11	60 000	60 000
转出未交增值税	12	40 000	40 000
	13		
	14		
4. 期末未抵扣数（以“-”号填列）	15		
二、未交增值税：			
1. 年初未交数（多交数以“-”号填列）	16		20 000
2. 本期转入数（多交数以“-”号填列）	17	40 000	40 000
3. 本期已交数	18	20 000	20 000
4. 期末未交数（多交数以“-”号填列）	20	40 000	40 000

要求：根据表 2 资料，编制该小企业 2008 年 1 月份的应交

增值税明细表（表3）。

表3　　应交增值税明细表　　会小企01表附表1

编制单位：某小企业　　2008年1月31日　　单位：元

项　　目	行次	本月数	本年累计数
一、应交增值税：			
1. 年初未抵扣数（以“-”号填列）	1	×	
2. 销项税额	2		
出口退税	3		
进项税额转出	4		
转出多交增值税	5		
	6		
	7		
3. 进项税额	8		
已交税金	9		
减免税款	10		
出口抵减内销产品应纳税额	11		
转出未交增值税	12		
	13		
	14		
4. 期末未抵扣数（以“-”号填列）	15	×	
二、未交增值税：			
1. 年初未交数（多交数以“-”号填列）	16	×	
2. 本期转入数（多交数以“-”号填列）	17		
3. 本期已交数	18		
4. 期末未交数（多交数以“-”号填列）	20		

第二部分　参考答案

第一章　总　　论

一、名词解释

1. 小企业会计是以货币为主要计量单位，运用会计特有的原理和方法，对企业经济活动进行连续的、系统的、全面的反映和控制，并能向社会提供财务信息的一种信息处理系统和经济管理活动。

2. 资产是指过去的交易、事项形成并由企业拥有或者控制的、能够可靠地计量的资源，该资源预期会给企业带来经济利益。

3. 负债是指过去的交易、事项形成的现时义务，履行该义务预期会导致经济利益流出企业，并能够可靠地计量。

4. 会计主体是指会计工作为之服务的特定的单位或经济组织，是具有控制、使用经济资源功能并对此负有法律责任的企业与单位。

5. 货币计量是指企业生产经营活动及其成果可以用货币作为统一的计量单位，予以综合反映会计信息。

二、填空题

1. 完善起来　西周王朝
2. 持续经营　货币计量
3. 负债　费用
4. 1月1日　12月31日
5. 营业费用　财务费用

三、判断题

1.√ 2.√ 3.× 4.× 5.× 6.× 7.√ 8.√ 9.√ 10.√

四、单项选择题

1. D 2. A 3. C 4. A 5. A 6. A 7. B 8. D 9. D 10. D

五、多项选择题

1. ABCD 2. ABCD 3. ABC 4. ABCD 5. ABC 6. ABC 7. ACD 8. ABCD 9. AB 10. AB

六、简答题

1. 会计法规体系是以《中华人民共和国会计法》（以下简称会计法）为依据构成的会计法律、法规、规章和制度体系，是规范会计工作和会计行为的准绳和标准。其体系主要包括会计法、会计行政法规、会计部门规章和规范性文件等。

2. 小企业会计的特点主要是相对企业会计而言，它是由企业不对外筹集资金，经营规模较小的特点所决定的。其特点是，简化核算方法、减少职业判断、增强可操作性和实用性、会计信息满足使用者的需要，具体表现在以下几个方面：

（1）在一些会计处理上采用了简化的核算方法；

（2）合并、取消或简化了一些会计科目；

（3）财务会计报表有所简化。

3. 资产的基本特征是：

（1）资产应当是由企业过去的交易或事项所形成的。预计在未来发生的交易或者事项可能形成的资产，不得确认为资产。

（2）资产必须由企业拥有或控制。通常情况下，应当考虑对资产的所有权；但某项资产即使不由企业拥有，如果能被企业控制，也符合资产的定义，如融资租入的固定资产，应确认为企业的资产。

（3）资产应当包含有未来经济利益很可能流入企业。未来经济利益是指直接或间接导致现金和现金等价物流入企业的潜力。

（4）该资源能够可靠地计量。不可计量的资源不得确认为资产，如空气等。

4. 负债的基本特征是：

（1）负债应当是企业过去的交易或者事项所形成的、现已承担的义务；对于将在未来发生的交易或事项所形成的义务，不属于现时义务，不应当作为负债加以确认。

（2）履行义务必须会导致经济利益流出企业，不履行该义务将会导致相应的经济后果。如果企业能够在履行义务的同时避免经济利益的流出，该项目不符合负债的定义，不应确认为负债。

（3）未来经济利益流出能够可靠的计量。

5. 会计信息质量要求是：

（1）可靠性；（2）相关性；（3）可理解性；（4）可比性；（5）实质重于形式；（6）重要性；（7）谨慎性；（8）及时性。

第二章 货币资金

一、名词解释

1. 银行存款是指企业存放在银行或其他金融机构的货币资金，分为人民币和外币两种。

2. 未达账项是指企业与银行之间，由于凭证传递时间先后顺序不同，造成二者的记账时间不一致，即一方已登记入账，而另一方尚未入账的账项。

3. 存出投资款是指企业存入证券公司但尚未进行短期投资的资金。

二、填空题

1. 银行存款　　　其他货币资金
2. 限额　　　　　三至五
3. 出票人　　　　无条件
4. 基本存款账户　临时存款账户
5. 银行汇票存款　信用卡存款

三、判断题

1.√　2.√　3.√　4.×　5.√　6.√　7.√　8.×　9.√　10.×

四、单项选择题

1. A　2. D　3. D　4. C　5. B　6. C　7. A　8. C　9. B

10. A

五、多项选择题

1. ABC 2. ABCD 3. ABCD 4. ABCD 5. ABC 6. ACD 7. ABD 8. BCD 9. BCD 10. ABCD

六、简答题

1. 企业的下列款项允许使用现金支付：

(1) 职工工资、津贴；

(2) 个人劳动报酬；

(3) 根据国家规定颁发给个人科学技术、文化艺术、体育等各种奖金；

(4) 各种劳保、福利费用以及国家规定的对个人的其他支出；

(5) 向个人收购农副产品和其他物资的款项；

(6) 出差人员必须随身携带的差旅费；

(7) 结算起点以下的零星支出；

(8) 中国人民银行规定需要支付现金的其他支出。

除上述情况可以用现金支付外，其他款项的支付应通过银行转账结算。

2. (1) 银行已记作企业存款的增加，而企业尚未收到收款通知，因而尚未入账的款项；

(2) 银行已记作企业存款的减少，而企业尚未收到付款通知，因而尚未入账的款项；

(3) 企业已记作银行存款的增加，而银行尚未办妥入账手续，因而尚未入账的款项；

(4) 企业已记作银行存款的减少，而银行尚未办妥入账手续，因尚未入账的款项。

七、实务题

表1 银行存款调节表 单位：元

项　　目	余　额	项　　目	余　额
银行存款对账单余额	2 060 000	企业银行存款日记账余额	2 080 000
加：送存转账支票	30 000	加：银行代收款项	8 000
减：开出转账支票	5 000	减：银行代付电费	3 000
调节后银行存款对账单余额	2 085 000	调节后企业银行存款日记账余额	2 085 000

第三章　应收款项

一、名词解释

1. 应收账款是指企业因销售商品、产品、提供劳务等，应向购货单位或接受劳务单位收取的款项。不单独设置“预收账款”科目的小企业，预收的款项也在“应收账款”目核算。

2. 应收账款融资，是指小企业以应收债权质押或出售应收债权，是企业为尽快收回现金，以应收债权转移给银行等金融机构，实现提前变现的一种融资方式。

3. 商业汇票是出票人签发的，委托付款人在指定日期无条件支付确定的金额给收款人或者持票人。它是债务人所作的书面承诺，具有较强的法律效力。同时应收票据可以背书转让或用于贴现等融资活动，具有较强的流动性。

4. 其他应收款是企业除应收票据、应收账款、应收股息以外的其他各种应收、暂付款项，包括不设置“备用金”科目的企业拨出的备用金、应收的各种赔款、罚款，应向职工收取的各种垫付款项等。

5. 待摊费用是指企业已发生支出，但应由本期和以后各期负担的，分摊期限在1年以内（包括1年，可以跨年度）的各项费用，如低值易耗品摊销、预付保险费、预付经营租赁固定资产租金等。

二、填空题

1. 债权人　　　　债务人

2. 生产经营　　　　购货合同

3. 商品　　　　　　提供劳务

4. 总账账户　　　　总分类

5. 余额百分比法　　个别认定法

三、判断题

1. × 2. √ 3. × 4. × 5. √ 6. √ 7. √ 8. √ 9. √ 10. ×

四、单项选择题

1. B 2. D 3. A 4. D 5. A 6. B 7. A 8. A 9. C 10. D

五、多项选择题

1. AB 2. ABC 3. ABD 4. CD 5. AB 6. ABCD 7. BCD 8. BC 9. ABCD 10. ABCD

六、简答题

1. 现金折扣是指债权人为鼓励债务人在规定的期限内付款，而向债务人提供的债务扣除。现金折扣使销售企业应收账款的实际数额随客户付款是否及时而发生变化。在存在现金折扣的情况下，企业应将未扣减现金折扣的实际售价作为应收账款的入账价值，把实际发生的现金折扣视为销售企业为尽快回笼资金而发生的理财费用。现金折扣只有客户在折扣期内支付货款时，才予以确认，在这种方法下，销售方把给予客户的现金折扣视为加速资金周转的理财费用，在财务费用中列支。

2. 应收账款融资，是指小企业以应收债权质押或出售应收债权，是企业为尽快收回现金，以应收债权转移给银行等金融机构，实现提前变现的一种融资方式。具体内容包括：

(1) 以应收账款等应收债权为质押取得银行借款；

(2) 出售应收债权不附追索权；

(3) 出售应收债权附有追索权。

七、实务题

1. (1) 销售商品时：

借：应收账款——W公司　585 000
　　贷：主营业务收入　500 000
　　　　应交税金——应交增值税（销项税额） 85 000

(2) 15天收到货款时：

借：银行存款　580 000
　　财务费用　5 000
　　贷：应收账款——W公司　585 000

2. 票据到期值 = 400 000 × （1 + 6% × 6/12） = 412 000（元）

贴现利息 = 412 000 × 9% × 3/12 = 9 270（元）

贴现净额 = 412 000 - 9 270 = 402 730（元）

贴现前应收票据账面余额 = 400 000 × （1 + 6% × 3/12）
= 406 000（元）

(1) 收到贴现时：

借：银行存款　402 730
　　财务费用　3 270
　　贷：应收票据——B公司　406 000

(2) 票据到期承兑人无力支付，贴现企业银行存款账户余额不足支付，作为逾期贷款处理时：

借：应收账款——B公司　412 000

贷：短期借款 412 000

3.（1）转销坏账损失时：

借：坏账准备 10 000

贷：应收账款——A公司 10 000

（2）2005年年末计提坏账准备时：

应计提坏账准备 =（5 000 000 + 1 000 000）× 5‰ −（20 000 − 10 000）= 20 000（元）

借：管理费用——计提的坏账准备 20 000

贷：坏账准备 20 000

第四章 存 货

一、名词解释

1. 存货是指企业在日常生产经营过程中持有以备出售的产成品或库存商品，或者为了出售仍然处在生产过程中的在产品，或者将在生产过程或提供劳务过程中耗用的材料、物资等。

2. 加权平均法又称全月一次平均法，是指以本月全部收入存货数量加上月初存货数量作为权数，去除本月全部收入存货金额加上月初存货金额计算出存货的加权平均单位成本，从而确定存货的发出和库存成本。

3. 材料是指用于在生产经营过程中耗用的原料及主要材料、辅助材料、外购半成品、修理用备件、包装物、包装材料、燃料等。

4. 库存商品是指企业已完成全部生产过程并验收入库，符合标准规格和技术条件，可以按照合同规定的条件送交订货单位，或可以作为商品对外销售的产品，包括库存的外购商品、自制产品等。

5. 库存商品售价金额核算法，是指企业购入商品入库和发出商品都按售价计算，商品购进价与售价的差额计入商品进销差价的一种核算方法。

二、填空题

1. 法定所有权　　何种状态
2. 企业　　存货

3. 流转假定　　计价
4. 实际成本　　计划成本
5. 售出商品　　调整

三、判断题

1.√　2.√　3.×　4.√　5.√　6.√　7.√　8.√　9.√
10.×

四、单项选择题

1. C　2. A　3. D　4. B　5. A　6. B　7. A　8. B　9. D
10. A

五、多项选择题

1. AB　2. ABCD　3. ABC　4. ABCD　5. AB　6. BCD
7. ACD　8. BCD　9. AB　10. ABC

六、简答题

1. 小企业购入存货的实际成本构成是：(1) 买价；(2) 运杂费（包括运输费、装卸费、保险费、包装费、仓储费等，不包括属于增值税一般纳税人的企业按规定根据运输费的一定比例7%计算的可抵扣的增值税额）；(3) 运输途中的合理损耗；(4) 入库前的挑选整理费用（包括挑选整理中发生的工、费支出和必要的损耗，并减去回收的下脚废料价值）；(5) 购入物资负担的税金（如关税等）和其他费用。

属于增值税一般纳税人的企业，购入存货需支付的增值税进项税额，应单独核算，不包括在购入存货成本中。小规模纳税人和购入存货不能取得增值税专用发票的企业，购入存货支付的不可抵扣的增值税进项税额，计入所购存货的成本。

从事商品流通的企业购入商品抵达仓库前发生的包装费、运杂费、保险费、装卸费、运输途中的合理损耗和入库前的挑选整理费用等采购费用直接计入当期营业费用，不计入所购存货成本。

以上第（1）项应当直接计入各种存货的实际成本。第（2）、（3）、（4）、（5）项，凡能分清的，应直接计入各种存货的实际成本；不能分清的，应按存货的重量或买价等比例，合理分摊计入各种存货的实际成本。

2. 小企业应当定期或者至少于每年年度终了，对存货进行全面清查，如由于存货遭受毁损、全部或部分陈旧过时或销售价格低于成本等原因，使存货可变现净值低于其成本的部分，应当提取存货跌价准备。可变现净值，是指企业在正常生产经营过程中，以存货的估计售价减去至完工估计将要发生的成本、估计的销售费用以及相关税金后的金额。

七、实务题

1. 进项税额 = 34 000 + 1 000 × 7% = 34 070（元）

材料成本 = 200 000 + 1 000 ×（1 − 7%）= 200 930（元）

借：材料	200 930	
应交税金——应交增值税（进项税额）	34 070	
贷：应付账款——甲公司		235 000
2. 借：生产成本	100 000	
制造费用	8 000	
管理费用	5 000	
贷：材料		113 000
3. 借：库存商品——A 商品	200 000	

——B 商品 100 000

营业费用 944

应交税金——应交增值税（进项税额）

51 056

贷：银行存款 352 000

4.（1）销售商品时：

借：银行存款 585 000

贷：主营业务收入 500 000

应交税金——应交增值税（销项税额） 85 000

(2）月末结转销售成本时：

借：主营业务成本 800 000

贷：库存商品 800 000

第五章　投　资

一、名词解释

1. 短期投资，是指企业能够随时变现且持有时间不准备超过1年（含1年）的投资。包括购买股票、债券、基金、其他短期投资项目等。

2. 小企业应定期或至少于每年年度终了，对短期投资进行全面检查，并根据谨慎性原则要求，合理地预计持有的短期投资可能发生的损失。短期投资应按照总成本与总市价孰低计量，当总市价低于总成本时，应当计提短期投资跌价准备。

3. 长期债权投资，是指企业购入的期限在1年以上（不含1年）不能变现或不准备随时变现的债券和其他债权投资。长期债权投资按投资形式可分为债券投资和其他债权投资。

4. 长期股权投资，是指企业投出的期限在1年以上（含1年）的各种股权性质的投资，包括购入的股票和其他股权投资等。

5. 应收股息是指小企业因进行股权投资应收取的现金股利及进行债权投资应收取的利息，小企业应收被投资单位的利润，以及购入股权投资时包含的已经宣告但尚未发放的现金股利和购入的债权投资中包含的已到付息期但尚未领取的债券利息。

二、填空题

1. 增加财富　　资产让渡

2. 短期投资　　长期债权投资

3. 实际成本　　各种股票
4. 影响程度　　成本法
5. 持有期内　　现金股利

三、判断题

1. √　2. ×　3. √　4. √　5. ×　6. √　7. √　8. ×　9. √　10. ×

四、单项选择题

1. A　2. C　3. B　4. D　5. A　6. A　7. C　8. A　9. D　10. B

五、多项选择题

1. ABC　2. ABCD　3. ABCD　4. BCD　5. AB　6. ABC　7. ABC　8. BCD　9. CD　10. AB

六、简答题

1. 企业取得长期债权投资，应正确确定其入账价值：

(1) 企业购入的长期债券，按实际支付的价款减去已到付息期但尚未领取的债券利息，以及税金、手续费等相关税费后的金额，作为债券投资的成本。该成本减去尚未到期的债券利息，与债券面值之间的差额，作为债券溢价或折价。企业购入债券时所发生的手续费等相关税费，应直接计入当期损益，列入财务费用。

(2) 接受投资者投入的长期债权投资，应按投资各方确认的价值作为实际成本。

2. 小企业长期股权投资无论是采用权益法或成本法核算，

在长期股权投资取得时，都是按实际成本作为投资成本，在核算上是一致的。不同的是采用成本法，长期股权投资的账面余额一般不变；而采用权益法，长期股权投资的账面余额，则随着被投资单位实现的净损益而进行调整。

七、实务题

1.（1）购入股票时：

应分派的现金股利 = 15 000 × 0.5 = 7 500（元）

B 股票投资成本 = 15 000 × 10.5 - 7 500 + 1 000 = 151 500（元）

借：短期投资——B 股票　151 500

　　应收股息——E 公司　7 500

　　贷：其他货币资金——银行汇票　158 500

（2）收到分派的现金股利时：

借：银行存款　7 500

　　贷：应收股息——E 公司　7 500

2. 借：银行存款　350 000

　　长期债权投资——债券投资——溢折价　10 000

　　贷：长期债权投资——债券投资——面值　280 000

　　　　——债券投资——应计利息　30 000

　　　　投资收益——出售债权收益　50 000

3.（1）购入股票时：

未领取的现金股利 = 100 000 × 0.5 = 50 000（元）

股票实际成本 = 100 000 ×（15.5 - 0.5）+ 3 000 = 1 503 000

（元）

借：长期股权投资——股票投资（W公司）

1 503 000

应收股息——W公司 50 000

贷：银行存款 1 553 000

（2）收到现金股利时：

借：银行存款 50 000

贷：应收股息——W公司 50 000

4.（1）宣告分派现金股利时：100 000×0.3＝30 000（元）

借：应收股息——W公司 30 000

贷：投资收益——股权投资收益 30 000

（2）收到现金股利时：

借：银行存款 30 000

贷：应收股息——W公司 30 000

第六章　固 定 资 产

一、名词解释

1. 固定资产是指为生产产品、提供劳务、出租或经营管理而持有的，使用年限超过1年，单位价值较高的资产。

2. 固定资产的确认。某一资产项目，如果要作为固定资产加以确认首先需要符合固定资产的定义；其次，还需要符合固定资产的确认条件，即该固定资产包含的经济利益很可能流入企业，该固定资产的成本能够可靠地计量。固定资产在同时满足这两个条件时，才能加以确认。

3. 固定资产折旧，是指在固定资产的使用寿命内，按照确定的方法对应计折旧额进行的系统分摊。其中，应计折旧额是指应当计提折旧的固定资产原价扣除其预计净残值后的余额。

4. 年限平均法又称直线法，是将固定资产的应计折旧额均衡地分摊到固定资产预计使用寿命内的一种方法。采用这种方法的每期折旧额均是等额的。

5. 小企业投资转出的固定资产，应按非货币性资产交换的原则处理。按照该投资事项是否具有商业实质分别进行核算。

二、填空题

1. 具体情况　　会计核算
2. 入账价值　　相关费用
3. 市场价格　　价值损耗
4. 改良支出　　合理进行

5. 预计净残值　　固定资产

三、判断题

1.√　2.×　3.√　4.√　5.√　6.×　7.×　8.√　9.√　10.√

四、单项选择题

1. A　2. D　3. A　4. B　5. C　6. B　7. D　8. C　9. A　10. D

五、单项选择题

1. ABCD　2. ABCD　3. ABC　4. ABC　5. CD　6. AB　7. BCD　8. ABCD　9. ABC　10. ABC

六、简答题

1. 固定资产具有以下特征：

(1) 固定资产持有的目的是为了生产产品、提供劳务、出租或经营管理而持有，则不是为了出售为目的，这是区别于流动资产的重要标志。

(2) 使用年限超过1年，具有实物形态，且在使用过程中保持原来的物质形态不变。这是它称之固定资产的重要特征，为此，为购置固定资产所支付的费用属于资本性支出。

(3) 单位价值较高，是区别于低值易耗品等资产的重要标志。

2. 固定资产按照经济用途和使用情况综合分类：

(1) 生产经营用固定资产；

(2) 非生产经营用固定资产；

(3) 租出固定资产（指在经营性租赁方式或出租给外单位使用的固定资产）；

(4) 不需用固定资产；

(5) 未使用固定资产；

(6) 土地（指过去已经估价并单独入账的土地，因征地而支付的补偿费，应计入与土地有关的房屋、建筑物的价值内，不单独作为土地价值入账）；

(7) 融资租入固定资产（指企业以融资租赁方或租入的固定资产，在租赁期内，应视同自有固定资产进行管理）。

七、实务题

1. (1) 支付设备款时：

借：在建工程——生产设备安装工程 235 000

　贷：银行存款 235 000

(2) 领用材料、计提安装工人工资时：

借：在建工程——生产设备安装工程 26 720

　贷：材料 16 000

　　应交税金——应交增值税（进项税额转出）

　　　2 720

　　应付工资 8 000

(3) 交付使用时：

借：固定资产——生产经营用固定资产 261 720

　贷：在建工程——生产设备安装工程 261 720

2. 借：固定资产——生产经营用固定资产 215 000

　贷：实收资本——F 公司 210 000

　　银行存款 5 000

3. 借：制造费用 90 000

管理费用 39 000

营业费用 30 000

贷：累计折旧 159 000

4.（1）发生有关支出时：

借：在建工程——车床改良工程 200 000

贷：银行存款 200 000

（2）收到拆除部分变价收入时：

借：银行存款 10 000

贷：在建工程——车床改良工程 10 000

（3）工程完工交付使用时：

借：固定资产——生产经营用固定资产 190 000

贷：在建工程——车床改良工程 190 000

5.（1）固定资产转入清理时：

借：固定资产清理 10 000

累计折旧 180 000

贷：固定资产 190 000

（2）发生清理费用和相关税费：

借：固定资产清理 3 300

贷：银行存款 3 300

（3）收到残料变价收入时：

借：银行存款 6 000

贷：固定资产清理 6 000

（4）结转固定资产净损益：

借：营业外支出——处置固定资产净损失 7 300

贷：固定资产清理 7 300

第七章　无形资产和其他资产

一、名词解释

1. 无形资产是指企业拥有或者控制的没有实物形态的可辨认非货币性长期资产，包括专利权、非专利技术、商标权、著作权、土地使用权等。

2. 其他资产是指除流动资产、长期投资、固定资产、无形资产以外的资产，如长期待摊费用等。

3. 长期待摊费用是指企业已经支出，但摊销期限在 1 年以上（不含 1 年）的各项费用。

二、填空题

1. 经济利益　无形资产
2. 实物载体　实物形态
3. 长期资产　经营周期
4. 对外销售　无形资产
5. 无形资产　成本费用

三、判断题

1. √　2. √　3. ×　4. √　5. √　6. √　7. ×　8. √　9. √　10. ×

四、单项选择题

1. A　2. C　3. B　4. D　5. B　6. A　7. C　8. A　9. D

10. C

五、多项选择题

1. ABC 2. ABCD 3. BCD 4. ABCD 5. ABCD 6. AB 7. ABCD 8. AB 9. BCD 10. ABCD

六、简答题

1. 无形资产具有如下特征：

（1）无形资产不具有实物形态；

（2）无形资产属于非货币性长期资产；

（3）无形资产是为企业使用而非出售的资产；

（4）无形资产在创造经济利益方面存在较大不确定性。

2. 按照我国税法规定，纳税人接受捐赠的无形资产，应将按税法规定确定的入账价值确认为捐赠收入，并计入当期应纳税所得额，计算缴纳企业所得税。企业取得的无形资产捐赠收入金额较大、并入一个纳税年度缴税确有困难的，经主管税务机关审核确认可以在不超过5年期间内均匀地计入各年度应纳税所得额。

3. 企业取得的土地使用权通常应当确认为无形资产。土地使用权用于自行开发建造厂房等地上建筑物时，土地使用权与地上建筑物分别进行摊销和提取折旧。但下列情况另行处理：

（1）房地产开发企业取得的土地使用权用于建造对外出售的房屋建筑物，相关的土地使用权应当计入所建造的房屋建筑物成本。

（2）企业外购的房屋建筑物支付的价款无法在地上建筑物与土地使用权之间分配的，应当按照规定，确认为固定资产原价。

（3）企业改变土地使用权的用途，将其作为用于出租或增值目的时，应将其账面价值转为投资性房地产。

七、实务题

1. 借：无形资产——非专利技术 400 000
   贷：银行存款 400 000
2. 借：无形资产——土地使用权 300 000
   贷：银行存款 300 000
3. 借：银行存款 400 000
   贷：无形资产 340 000
   应交税金——应交营业税 20 000
   营业外收入——出售无形资产收益 40 000
4. (1) 发生长期待摊费用时：

借：长期待摊费用 80 000
  贷：银行存款 80 000

(2) 开始生产经营时：

借：管理费用——其他费用 80 000
  贷：长期待摊费 80 000

第八章 流动负债

一、名词解释

1. 短期借款是企业向银行或其他金融机构借入的期限在一年以下（含一年）的各种借款。

2. 应付账款是指企业因购买材料、商品或接受劳务供应等而应付给供应单位的款项。它是买卖双方在购销活动中由于取得物资与支付货款在时间上不一致而产生的负债。

3. 应付工资是企业使用职工的知识、技能、时间和精力而给予职工的一种补偿。工资总额包括各种工资、奖金和津贴。企业应按照劳动工资制度的规定，根据考勤记录、工时记录、工资标准等编制“工资单”计算工资。

4. 应交税金是企业应交纳的各种税金，包括增值税、消费税、营业税、所得税、资源税、土地增值税、城市维护建设税、房产税、土地使用税、车船使用税、个人所得税等。

5. 应交增值税是指对我国境内销售货物、进口货物，或提供加工、修理修配劳务，以及进口货物的单位和个人，就其取得的货物或应税劳务的销售额，以及进口货物的金额计算税款，并实行税款抵扣的一种流转税。

二、填空题

1. 分月预提　　财务费用
2. 入账时间　　所购货物
3. 应付账款　　资本公积

4. 购买材料　商品汇票

5. 预先支付　供应单位

三、判断题

1.√　2.√　3.√　4.×　5.√　6.√　7.√　8.√　9.√　10.√

四、单项选择题

1. A　2. A　3. D　4. C　5. B　6. D　7. A　8. C　9. A　10. B

五、多项选择题

1. ABC　2. ABCD　3. AB　4. ABC　5. BCD　6. ABC　7. ABCD　8. ABC　9. ABCD　10. ABC

六、简答题

1. 委托加工应税消费品的核算：企业需要交纳消费税的委托加工物资，由受托方代收代交税款（除受托加工或翻新改制金银首饰按规定由受托方交纳消费税外）。委托加工物资收回后，直接用于销售的，将代收代交的消费税计入委托加工物资的成本，借记“委托加工物资”等科目，贷记“应付账款”、“银行存款”等科目；委托加工物资收回后用于连续生产，按规定准予抵扣的，按代收代交的消费税，借记“应交税金——应交消费税”科目，贷记“应付账款”、“银行存款”等科目。

2. 营业税是对在我国境内提供应税劳务、转让无形资产或销售不动产的单位和个人征收的一种税。应税劳务是指属于交通运输业、建筑业、金融保险业、邮电通讯业、文化体育业、娱乐业、服务业税目征收范围的劳务，不包括加工、修理修配劳务；转让无形资产，是指转让无形资产的所有权或使用权的行为；销售不动产，是指有偿转让不动产的所有权，转让不动产的有限产权或永久使用权以及单位将不动产无偿赠与他人，视同销售不动产。

七、实务题

1.（1）6 月 1 日，取得借款时：

借：银行存款 500 000

　　贷：短期借款 500 000

（2）每月月末计提利息费用时：500 000 × 12% × 1/12 = 5 000（元）

借：财务费用 5 000

　　贷：预提费用 5 000

（3）8 月末偿还借款本息时：

借：财务费用 5 000

　　预提费用 10 000

　　短期借款 500 000

　　贷：银行存款 515 000

2.（1）计提教育费附加时：

借：主营业务税金及附加 4 000

　　贷：其他应交款——教育费附加 4 000

（2）上交教育费附加时：

借：其他应交款——教育费附加 4 000

　　贷：银行存款 4 000

3. 借：材料——农产品 217 500

应交税金——应交增值税（进项税额）

32 500

贷：银行存款 250 000

4.（1）销售产品时：

借：银行存款 100 000

贷：主营业务收入［10 000÷（1+6%）］94 339.62

应交税金——应交增值税 5 660.38

（2）交纳增值税时：

借：应交税金——应交增值税 5 660.38

贷：银行存款 5 660.38

5. 借：生产成本 1 100

管理费用——福利费 5 300

贷：现金 1 900

应付工资 4 500

第九章 长 期 负 债

一、名词解释

1. 长期负债是指偿还期在1年或者超过1年的一个营业周期以上的负债，包括长期借款和长期应付款等。

2. 长期借款是指企业向银行或其他金融机构借入的期限在1年以上（不含1年）的各种借款。

3. 长期应付款是指企业除长期借款以外的其他各种长期负债，包括融资租入固定资产的租赁费等。

4. 待转资产价值是指企业接受捐赠的待转的资产价值。包括接受捐赠的货币性资产和非货币性资产的待转价值。

二、填空题

1. 新的资本　　长期负债
2. 银行　　长期借款
3. 银行存款　　长期借款
4. 资本化　　财务费用
5. 固定资产　　全部风险

三、判断题

1. ×　2. √　3. √　4. √　5. √　6. ×　7. √　8. ×　9. √　10. √

四、单项选择题

1. A 2. C 3. B 4. A 5. D 6. D 7. B 8. A

五、多项选择题

1. ABC 2. BCD 3. AB 4. ABC 5. ABCD

六、简答题

1. 所购建的固定资产达到预定可使用状态，是指资产已经达到购买方或建造方预定的可使用状态。具体可从以下几个方面判断：

(1) 固定资产的实体建造（包括安装）工作已经全部完成或者实质上已经完成；

(2) 所购建的固定资产与设计要求或合同要求相符或基本相符，即使有极个别与设计或合同要求不相符的地方，也不影响其正常使用；

(3) 继续发生在所购建固定资产上的支出金额很少或几乎不再发生。

2. 待转资产价值的期末结转：

(1) 如果接受捐赠待转的资产价值全部计入当期应纳税所得额，按接受捐赠待转的资产价值与现行所得税税率计算应交所得税，或接受捐赠待转的资产价值在抵减当期亏损后的余额与现行所得税税率计算应交所得税。

(2) 如果接受捐赠的非货币性资产金额较大，经批准可以在规定期限内分期平均计入各年度应纳税所得额。各期计算交纳所得税时，按当期计入应纳税所得额的待转捐赠非货币性资产价值与现行所得税税率计算应交所得税，或按当期应计入应纳税所得额的待转捐赠非货币性资产价值在抵减当期亏损后的余额与现行所得税税率计算应交所得税。

七、实务题

1.（1）计算：

每年应计利息：500 000×10%=50 000（元）

两年应计利息合计：50 000×2=100 000（元）

第二年年末借款到期应付本息为=500 000+100 000=600 000（元）

（2）会计分录：

① 取得借款时：

借：银行存款　　500 000

　　贷：长期借款　　500 000

② 第一年年末计息时：

借：在建工程　　50 000

　　贷：长期借款　　50 000

③ 结转完工工程时：

借：固定资产　　550 000

　　贷：在建工程　　550 000

④ 第二年年末计息并归还本息时：

借：财务费用　　50 000

　　长期借款　　550 000

　　贷：银行存款　　600 000

2.（1）租入固定资产时：

借：在建工程　　640 000

　　贷：长期应付款——A租赁公司　　640 000

借：在建工程　　20 000

贷：银行存款 20 000

（2）固定资产交付使用时：

借：固定资产——融资租入固定资产 660 000

贷：在建工程 660 000

（3）每年年初支付款租赁费时：

借：长期应付款——A 租赁公司 128 000

贷：银行存款 128 000

（4）每月计提折旧时：660 000 ÷ 5 ÷ 12 = 11 000（元）

借：制造费用 11 000

贷：累计折旧 11 000

（5）租赁期满后，该固定资产所有权转归承租人所有时：

借：固定资产——生产经营用固定资产 660 000

贷：固定资产——融资租入固定资产 660 000

3.（1）接受捐赠时：

借：固定资产——生产经营用固定资产 2 000 000

贷：待转资产价值——接受捐赠非货币性资产价值 2 000 000

（2）当年年末结转待转资产价值时：（2 000 000 ÷ 5 − 200 000）× 25% = 50 000（元）

借：待转资产价值——接受捐赠非货币性资产价值 400 000

贷：应交税金——应交所得税 50 000

资本公积——接受捐赠非现金资产准备 350 000

第十章 所有者权益

一、名词解释

1. 所有者权益是指企业所有者对企业净资产的所有权，其内容包括企业投资人对企业投入的资本以及通过多种渠道形成的资本公积金、从利润中提取的盈余公积金和未分配利润。

2. 实收资本是指投资者按照企业章程或者合同、协议的约定，实际投入企业的资本。实收资本的构成比例即投资者的出资比例或股东的股份比例，是企业据以向投资者进行利润分配或股利分配的主要依据。

3. 资本公积是指投资者或他人投入到企业、所有权归属于投资者，并且金额上超过法定资本部分的资本或资产。

4. 资本溢价是指投资者交付企业的出资额大于该所有者在企业注册资本中所占有份额的数额。

5. 留存收益是指企业从历年来实现的利润中提取或形成的留存于企业的内部积累。主要包括盈余公积和未分配利润。

二、填空题

1. 索取权　　权益
2. 索偿权　　企业资产
3. 申请开业　　生产经营
4. 实际收到　　开户银行
5. 资本金额　　资本公积

三、判断题

1.√ 2.× 3.√ 4.√ 5.× 6.√ 7.√ 8.√ 9.× 10.√

四、单项选择题

1. A 2. D 3. B 4. C 5. B 6. A 7. C 8. D 9. B 10. A

五、多项选择题

1. ABC 2. ABCD 3. BCD 4. ABC 5. ABC 6. BC 7. ABC

六、简答题

1. 所有者权益与负债存在显著的区别：

(1) 负债是指债权人对企业总资产的索偿权，而所有者权益是所有者对企业资产扣除负债后的剩余资产的要求权。

(2) 债权人与企业只有债权债务关系，无权参与企业管理，而所有者则有法定参与企业管理的权利。

(3) 负债有规定的偿还期，而所有者权益在企业经营期间无需偿还，除非终止经营，不得返还资本。

(4) 债权人不能参与企业利润分配但可以按约定取得利息，风险小。所有者则可按投资比例享有利润分配权，但不能取得利息，风险大。

(5) 所有者权益作为对企业资产扣除负债后剩余资产的要求权，在企业清算时索偿权的权利位于债权人之后。

2. 小企业接受外币投资时，收到的外币资产应作为资产登记入账，同时，对接受的外币资产投资应作为投资者的投入，增加实收资本。根据《小企业会计制度》规定，我国企业的会计核算以人民币为记账本位币，在收到外币资产时需要将外币资产价值折合为人民币记账。在将外币资产折合为人民币记账时，其折合汇率按以下原则确定：对于各项外币资产账户，一律按收到出资额当日的汇率折合，对于实收资本账户，合同约定汇率的，按合同约定的汇率折合，合同没有约定汇率的，按收到出资额当日的汇率折合。由于汇率不同而产生的人民币差额，作为资本公积处理。

七、实务题

1. 借：固定资产——生产经营用固定资产 203 000
   贷：实收资本 200 000
   银行存款 3 000

2. 借：银行存款——美元户
   (300 000 × 8.25) 2 475 000
   贷：实收资本 2 400 000
   资本公积——外币资本折算差额
   [300 000 × （8.25 − 8）] 75 000

3. 借：利润分配——提取法定盈余公积 200 000
   ——提取任意盈余公积 100 000
   贷：盈余公积——法定盈余公积 200 000
   ——任意盈余公积 100 000

第十一章　收入、费用和利润

一、名词解释

1. 收入是企业在销售商品、提供劳务等日常活动中所形成的经济利益的总流入。

2. 分期收款销售是指商品已经交付，但货款分期收回的销售方式。

3. 销售退回是指企业售出的商品由于质量、品种、规格不符合要求等原因而发生的退货。

4. 费用是指企业为销售商品，提供劳务等日常活动所发生的经济利益的流出。

5. 利润是指企业在一定会计期间的经营成果，包括营业利润、利润总额和净利润。

二、填空题

1. 日常活动　　销售商品
2. 经营业务　　主营业务收入
3. 可靠地计量　　基本前提
4. 营业成本　　期间费用
5. 净利润　　利润分配

三、判断题

1.√　2.√　3.√　4.×　5.√　6.√　7.×　8.√　9.×
10.√

四、单项选择题

1. A 2. C 3. B 4. A 5. B 6. B 7. C 8. A 9. A 10. D

五、多项选择题

1. ABCD 2. AB 3. BCD 4. ABC 5. BCD 6. ABC 7. ABCD 8. ABC 9. ABCD 10. ABC

六、简答题

1. 收入有以下特点：

（1）收入是从企业的日常活动中产生，而不是从偶发的交易或事项中产生的，如企业销售商品、提供劳务的收入等。

（2）收入可能表现为企业资产的增加，也可能表现为企业负债的减少，或者二者兼而有之。

（3）收入能导致所有者权益的增加。

（4）收入只包括本企业经济利益的流入，而不包括为第三方或客户代收的款项，如增值税、代收利息等。

2. 商品销售收入的确认条件：

（1）已将商品所有权上的主要风险和报酬转移给购货方；

（2）既没有保留通常与所有权相联系的继续管理权，也没有对已售出的商品实施控制；

（3）与交易相关的经济利益很可能流入企业；

（4）相关的收入和成本能够可靠地计量。

七、实务题

1. 借：银行存款 351 000

贷：主营业务收入　300 000

应交税金——应交增值税（销项税额）

51 000

2.（1）发出商品时：

借：分期收款发出商品　120 000

贷：库存商品　120 000

(2) 每年 6 月 1 日收款时：

借：银行存款　117 000

贷：主营业务收入　100 000

应交税金——应交增值税（销项税额）17 000

(3) 结转商品成本时：100 000 ×（120 000 ÷ 200 000）= 60 000（元）

借：主营业务成本　60 000

贷：分期收款发出商品　60 000

3.（1）结转各项收入时：

借：主营业务收入　250 000

其他业务收入　100 000

营业外收入　50 000

投资收益　5 000

贷：本年利润　405 000

(2) 结转各项成本费用时：

借：本年利润　355 000

贷：主营业务成本　180 000

其他业务支出　80 000

营业费用　20 000

管理费用　20 000

财务费用　15 000

营业外支出 40 000

（3）确认所得税费用时：（405 000 - 355 000）× 25% = 12 500（元）

借：所得税 12 500

贷：应交税金——应交所得税 12 500

（4）结转所得税费用时：

借：本年利润 12 500

贷：所得税 12 500

（5）将“本年利润”科目余额结转时：405 000 - 355 000 - 12 500 = 37 500（元）

借：本年利润 37 500

贷：利润分配——未分配利润 37 500

（6）提取法定盈余公积和任意盈余公积时：

应提法定盈余公积 = 37 500 × 10% = 3 750（元）

应提任意盈余公积 = 37 500 × 8% = 3 000（元）

借：利润分配——提取法定盈余公积 3 750

——提取任意盈余公积 3 000

——应付利润 5 000

贷：盈余公积——法定盈余公积 3 750

——任意盈余公积 3 000

应付利润 5 000

（7）结转利润分配明细科目时：

借：利润分配——未分配利润 11 750

贷：利润分配——提取法定盈余积金 3 750

——提取任意盈余公积 3 000

——应付利润 5 000

至此，“利润分配——未分配利润”科目余额为 37 500 -

11 750 = 25 750（元）。

4.（1）税前会计利润 500 000

加：永久性差异 30 000

减：时间性差异（100 000 - 80 000） 20 000

应纳税所得额 510 000

适用的所得税税率 25%

本期应交所得税 127 500

本期所得税费用 127 500

（2）2008 年末编制相关会计分录如下：

① 确认所得税费用时：

借：所得税 127 500

贷：应交税金——应交所得税 127 500

② 期末结转时：

借：本年利润 127 500

贷：所得税 127 500

第十二章 债务重组

一、名词解释

1. 债务重组是指在债务人发生财务困难的情况下，债权人按照其与债务人达成的协议或法院的裁定作出让步的事项。

2. 债务重组日就是债务重组完成日，即债务人履行协议或法院裁定，将相关资产转让给债权人，将债务转为资本或修改后的偿债条件开始执行的日期。

3. 债务转为资本，是指债务人将债务转为资本，同时债权人将债权转为股权。

4. 账面余额，是指某会计科目的账面实际余额，不扣除作为该账户的备抵项目（如坏账准备等）。

5. 账面价值，是指某会计科目的账面余额减去相关的备抵项目后的金额。

二、填空题

1. 财务困难　　　事项
2. 债务偿还期限　加收利息
3. 存货跌价准备　管理费用
4. 公允价值　　　账面价值
5. 重组债务　　　公允价值

三、判断题

1.√　2.√　3.√　4.×　5.√

四、单项选择题

1. A 2. A 3. C 4. B 5. D

五、简答题

债务重组的方式包括：

(1) 以低于债务账面价值的现金清偿债务；

(2) 以非现金资产清偿债务，是指债务人转让其非现金资产给债权人以清偿债务，债务人常用于偿债的资产有：存货、短期投资、固定资产、长期投资、无形资产等；

(3) 债务转为资本，是指债务人将债务转为资本，同时债权人将债权转为股权；

(4) 修改其他债务条件，是指延长债务偿还期限、延长债务偿还期间并加收利息、延长债务偿还期并减少债务本金或债务利息等；

(5) 以上两种或两种以上方式的组合，简称“混合重组方式”。

六、实务题

1. (1) 债务人（华龙公司）：

借：应付账款——某小企业	468 000	
贷：银行存款		418 000
营业外收入——债务重组收入		50 000

(2) 债权人（某小企业）：

借：银行存款	418 000	
坏账准备	10 000	
营业外支出——债务重组损失	40 000	

贷：应收账款——华龙公司　　468 000

2.（1）债务人（华龙公司）：

① 债务重组时：

借：应付账款——某小企业　　280 000

贷：主营业务收入　　220 000

应交税金——应交增值税（销项税额）

（220 000 × 17%）37 400

营业外收入——债务重组收入

（280 000 − 220 000 − 37 400）22 600

② 结转成本时：

借：主营业务成本　　170 000

贷：库存商品——甲商品　　170 000

（2）债权人（某小企业）：

借：库存商品——甲商品

（220 000 − 37 400）182 600

应交税金——应交增值税（进项税额）　　37 400

存货跌价准备　　5 000

营业外支出——债务重组损失　　55 000

贷：应收账款——华龙公司　　280 000

3.（1）债务人（华龙公司）：

借：应付账款——某小企业　　340 000

贷：实收资本　　（30 000 × 1）30 000

资本公积——资本溢价

（30 000 × 10 − 30 000）270 000

营业外收入——债务重组收入　　40 000

（2）债权人（某小企业）：

借：长期股权投资——华龙公司　　300 000

营业外支出——债务重组损失 40 000
贷：应收账款——华龙公司 340 000

4.（1）债务人（华龙公司）：

借：应付账款——某小企业 500 000
贷：应付账款——债务重组（某企业） 490 000
营业外收入——债务重组收入 10 000

（2）债权人（某小企业）：

借：应收账款——债务重组（华龙公司） 490 000
坏账准备 5 000
营业外支出——债务重组损失 5 000
贷：应收账款——华龙公司 500 000

第十三章　非货币性资产交换

一、名词解释

1. 非货币性资产交换，是指交易双方以非货币性资产进行的交换，这种交换不涉及或只涉及少量的货币性资产。

2. 货币性资产是指企业持有的现金及将以固定或可确定金额的货币收取的资产，包括现金、应收账款和应收票据以及准备持有至到期的债券投资等。

3. 非货币性资产，是指货币性资产以外的资产，包括存货、固定资产、无形资产、股权投资以及不准备持有至到期的债券投资。这里的存货包括材料、低值易耗品、库存商品、委托加工物资等。

4. 公允价值，是指在公平交易中，熟悉情况的交易双方，自愿进行资产交换或债务清偿的金额。

5. 多项非货币性资产相交换，就是企业以一项非货币性资产同时换入另一企业的多项非货币性资产，或同时以多项非货币性资产换入另一企业的一项非货币性资产，或以多项非货币性资产同时换入多项非货币性资产。

二、填空题

1. 并不意味　　货币性资产
2. 补价　　相关税费
3. 涉及补价　　收到补价
4. 支付补价　　加上补价

5. 存货与存货　　固定资产

三、判断题

1. ×　2. √　3. ×　4. √　5. √　6. √　7. ×　8. √　9. √　10. √

四、单项选择题

1. A　2. D　3. B　4. A　5. A

五、多项选择题

1. ABC　2. ABCD　3. ABCD　4. ABC　5. AB

六、简答题

1. 非货币性资产交换的判断：

非货币性资产交换并不意味着不涉及任何货币性资产。如果只涉及少量的货币性资产，则仍属于非货币性资产交换。实务中，一般这样判断：如果支付的货币性资产占换入资产公允价值的比例（或占换出资产公允价值与支付的货币性资产之和的比例）$<25\%$，则视为非货币性资产交换，根据非货币性资产交换的会计处理原则处理；如果这一比例$\geq 25\%$，则视为货币性交易，应根据货币性交易的核算原则进行会计处理。

2. 非货币性资产交换核算的一般原则：

非货币性资产交换，如果具有商业实质且公允价值能够可靠计量，则换入资产以换出资产的公允价值计价，公允价值与其账面价值的差额，确认为损益；

如果不具有商业实质或虽然具有商业实质但公允价值不能够可靠计量的，则换入资产以换出资产的账面价值为基础计价，不确认损益。

1. 如果非货币性资产交换没有涉及补价，则以换出资产的账面价值，加上应支付的相关税费作为换入资产的入账价值，不确认损益。

2. 如果非货币性资产交换涉及补价，则应区分支付补价和收到补价分别进行会计处理：

（1）支付补价的，以换出资产的账面价值，加上补价和应支付的相关税费，作为换入资产的入账价值，不确认损益。

（2）收到补价的，以换出资产的账面价值，减去补价加上应支付的相关税费，作为换入资产的入账价值，不确认损益。

七、实务题

1.（1）某小企业：

① 计算换出库存材料的增值税销项税额：

换出材料的增值税销项税额为：280 000 × 17% = 47 600（元）

② 会计分录：

借：固定资产——生产经营用固定资产　272 600
　　存货跌价准备　5 000
　　贷：材料——A 材料　230 000
　　　　应交税金——应交增值税（销项税额）　47 600

（2）华龙公司：

借：材料——A 材料　172 400
　　应交税金——应交增值税（进项税额）　47 600
　　累计折旧　20 000
　　贷：固定资产　240 000

2.（1）某小企业：

第一步，计算收到的货币性资产占换出资产公允价值总额的比例：

20 000÷（600 000+180 000）×100%=2.56%<25%

由此可判断该项交易属于非货币性资产交换。

第二步，计算换入换出资产增值税销项税额及资产入账价值总额：

换出轿车增值税销项税额=600 000×17%=102 000（元）

换入资产入账价值总额=600 000+180 000−20 000+102 000=862 000（元）

第三步，计算换入各项资产的公允价值占换入资产公允价值总额的比例：

换入短期投资公允价值占换入资产公允价值总额的比例：410 000÷（410 000+280 000）×100%=59%

换入机器设备公允价值占换入资产公允价值总额的比例：280 000÷（410 000+280 000）×100%=41%

第四步，计算换入各项资产的入账价值：

换入短期投资的入账价值：862 000×59%=508 580（元）

换入机器设备的入账价值：862 000×41%=353 420（元）

第五步，作会计分录如下：

借：固定资产——生产经营用固定资产（机器设备）

353 420

短期投资——股票 508 580

银行存款 20 000

贷：库存商品——现代轿车 480 000

应交税金——应交增值税（销项税额）

102 000

长期股权投资——A公司 150 000

营业外收入——非货币性资产交换收入

130 000

(2) 华龙公司：

第一步，计算支付的货币性资产占换入资产公允价值总额的比例：

20 000 ÷（600 000 + 180 000）×100% = 2.56% < 25%

由此可判断该项交易属于非货币性资产交换。

第二步，计算换入各项资产的公允价值占换入资产公允价值总额的比例：

换入现代汽车公允价值占换入资产公允价值总额的比例：

600 000 ÷（600 000 + 180 000）×100% = 77%

换入长期股权投资公允价值占投入资产公允价值总额的比例：

180 000 ÷（600 000 + 180 000）×100% = 23%

第三步，计算换入各项资产的入账价值：

换入资产入账价值总额 = 410 000 + 280 000 + 20 000 = 710 000（元）

换入现代汽车的入账价值：710 000 × 77% = 546 700（元）

换入长期股权投资的入账价值：710 000 × 23% = 163 300（元）

第四步，作会计分录如下：

① 固定资产转入清理时：

借：固定资产清理　　280 000

　　累计折旧　　110 000

　　贷：固定资产——生产经营用固定资产（机器设备）

390 000

② 交易完成时：

借：固定资产——非生产经营用固定资产（现代轿车）

546 700

长期股权投资——A公司　163 300

贷：固定资产清理　280 000

银行存款　20 000

短期投资——股票　380 000

营业外收入——非货币性资产交换收入　30 000

第十四章　财务会计报告

一、名词解释

1. 财务会计报告是指小企业对外提供的反映企业某一特定日期财务状况和某一会计期间经营成果、现金流量的文件。

2. 资产负债表是反映小企业某一特定日期资产、负债和所有者权益情况的报表。反映小企业拥有或控制的经济资源、所承担的现时义务和所有者对净资产的要求权。

3. 利润表是反映小企业一定期间内的经营成果。该表是将一定期间的营业收入与该期间的营业费用相配比，按照各项收入、费用以及构成利润的各个项目分类分项编制的。

4. 现金流量表是反映小企业一定会计期间内有关现金和现金等价物的流入和流出的信息。

5. 分析填列法是采用直接法报告经营活动流量的，即根据资产负债表、利润表和有关会计科目的明细账的记录，分析计算现金流量表各项目的金额，并据以编制现金流量表的一种方法。

二、填空题

1. 基本报表　　会计报表附注
2. 随意改变　　会计口径
3. 会计核算　　进行归类
4. 项目数字　　上年年末
5. 进行调整　　填入本表

三、判断题

1.√ 2.√ 3.× 4.√ 5.× 6.√ 7.√ 8.× 9.√ 10.√

四、单项选择题

1. A 2. B 3. D 4. A 5. A 6. C 7. B 8. D 9. A 10. D

五、多项选择题

1. ABCD 2. BCD 3. ABCD 4. ABC 5. BCD 6. ABCD 7. ABC 8. ABC 9. BCD 10. AB

六、简答题

1. 财务会计报告编报的要求：

小企业应按照《小企业会计制度》有关财务会计报表的编制基础、编制依据、编制原则和方法等要求，对外提供真实、完整的财务会计报表。企业不得违反规定，随意改变财务会计报表的编制基础、编制依据、编制原则和方法，不得随意改变《小企业会计制度》规定的财务会计报表有关数据的会计口径。

2. 小企业利润报表中“本月数”栏反映各项目的本月实际发生数，在编制月度报表时，应根据有关损益类账户的本月发生额分析填列；在编制年度报表时，应将“本月数”栏改为“上年数”栏，填列上年全年累计实际发生数。如果上年度利润表的项目名称和内容与本年度利润表不一致，应对上年度利润表项目的名称和数字按本年度的规定进行调整，填入本表。

七、实务题

1. 会计分录：

(1) 借：应收票据 1 170 000
　　贷：主营业务收入 1 000 000
　　　　应交税金——应交增值税（销项税额） 170 000

(2) 借：银行存款 1 404 000
　　贷：主营业务收入 1 200 000
　　　　应交税金——应交增值税（销项税额） 204 000

(3) 借：管理费用——计提坏账准备 10 000
　　贷：坏账准备 10 000

(4) 借：管理费用——印花税 3 000
　　贷：银行存款 3 000

(5) 借：营业费用 45 000
　　贷：银行存款 45 000

(6) 借：制造费用——折旧费 160 000
　　　　管理费用——折旧费 50 000
　　贷：累计折旧 210 000

(7) 借：银行存款 60 000
　　贷：其他业务收入 60 000
　　借：其他业务支出 3 000
　　贷：应交税金——应交营业税 3 000
　　借：管理费用——无形资产摊销 15 000
　　贷：无形资产 15 000

(8) 借：财务费用 7 000

贷：预提费用 7 000

(9) 借：银行存款 30 000

贷：投资收益 30 000

(10) 借：营业外支出——非常损失 4 680

贷：材料 4 000

应交税金——应交增值税（进项税额转出） 680

(11) 借：主营业务税金及附加 40 000

其他业务支出 320

贷：应交税金——应交城市维护建设税 25 200

其他应交款——教育费附加 15 120

(12) 借：主营业务成本 1 650 000

贷：库存商品 1 650 000

(13) 借：主营业务收入 2 200 000

其他业务收入 60 000

投资收益 30 000

贷：本年利润 2 290 000

借：本年利润 1 828 000

贷：主营业务成本 1 650 000

主营业务税金及附加 40 000

其他业务支出 3 320

营业费用 45 000

管理费用 78 000

财务费用 7 000

营业外支出 4 680

应交所得税 =（2 290 000 - 1 828 000 - 30 000）× 25% =

108 000（元）

（14）借：所得税 108 000

贷：应交税金——应交所得税 108 000

借：本年利润 108 000

贷：所得税 108 000

表1 **利 润 表** 会小企02表

编制单位：新兴公司 2008年12月 单位：元

项　　目	行次	本月数（略）	本年累计数
一、主营业务收入	1		2 200 000
减：主营业务成本	4		1 650 000
主营业务税金及附加	5		40 000
二、主营业务利润（亏损以“-”号填列）	10		510 000
加：其他业务利润（亏损以“-”号填列）	11		56 680
减：营业费用	14		45 000
管理费用	15		78 000
财务费用	16		7 000
三、营业利润（亏损以“-”号填列）	18		436 680
加：投资收益（损失以“-”号填列）	19		30 000
营业外收入	23		
减：营业外支出	25		4 680
四、利润总额（亏损总额以“-”号填列）	27		462 000
减：所得税	28		108 000
五、净利润（净亏损以“-”号填列）	30		354 000

2.

表 2　　**应交增值税明细表**　　会小企 01 表附表 1

编制单位：某小企业　　2008 年 1 月　　单位：元

项　　目	行次	本月数	本年累计数
一、应交增值税：			
1. 年初未抵扣数（以“-”号填列）	1	×	-180 000
2. 销项税额	2	580 000	580 000
出口退税	3	100 000	100 000
进项税额转出	4	50 000	50 000
转出多交增值税	5		
	6		
	7		
3. 进项税额	8	400 000	400 000
已交税金	9	50 000	50 000
减免税款	10		
出口抵减内销产品应纳税额	11	60 000	60 000
转出未交增值税	12	40 000	40 000
	13		
	14		
4. 期末未抵扣数（以“-”号填列）	15	×	
二、未交增值税：			
1. 年初未交数（多交数以“-”号填列）	16	×	20 000
2. 本期转入数（多交数以“-”号填列）	17	40 000	40 000
3. 本期已交数	18	20 000	20 000
4. 期末未交数（多交数以“-”号填列）	20	40 000	40 000